FERRET 1977

FACULTÉ DE DROIT DE TOULOUSE.

DE LA

RESTITUTION

DE LA DOT

EN DROIT ROMAIN ET EN DROIT FRANÇAIS

THÈSE POUR LE DOCTORAT

SOUTENUE

Par Albert CHAPSAL , Avocat ,

Né à Aurillac (Cantal).

TOULOUSE
Imp. Nouv. (**Dotation des Orphelines**) , r. S. Denis, 4.
L. Figarol Frères et Comp.

1872

FACULTÉ DE DROIT DE TOULOUSE.

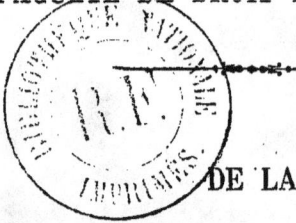

DE LA

RESTITUTION

DE LA DOT

EN DROIT ROMAIN ET EN DROIT FRANÇAIS

3923

THÈSE POUR LE DOCTORAT

SOUTENUE

Par Albert CHAPSAL, Avocat,

Né à Aurillac (Cantal).

TOULOUSE

Imp. Nouv. (**Dotation des Orphelines**), r. S. Denis, 4,

L. Figarol Frères et Comp.

—

1872

31286

A MON PÈRE -- A MA MÈRE

FACULTÉ DE DROIT DE TOULOUSE

DE LA RESTITUTION DE LA DOT

EN DROIT ROMAIN ET EN DROIT FRANÇAIS.

INTRODUCTION

Modestin définissait le mariage : l'union de deux vies, la confusion de deux patrimoines, la mise en commun de tous les intérêts temporels et religieux, *consortium omnis vitæ, individua consuetudo, divini et humani juris communicatio*. Dans cette notion du mariage, apparaissent les deux principes fondamentaux du mariage chrétien et moderne, la monogamie et l'indissolubilité du lien conjugal. Le second complète le premier : car la monogamie, avec la faculté du divorce, n'est qu'une espèce de polygamie successive.

Mais pour produire, dans la sphère des intérêts civils, cette union intime et sans réserve, les biens des deux époux doivent être confondus ensemble, les deux patrimoines en un seul, et les conjoints participer tous deux au gouvernement du ménage. Cependant, jamais cet idéal ne s'est réalisé dans aucune législation. Quand Modestin écrivait cette belle définition, inspirée peut-être par le contact des idées chrétiennes, florissait à Rome le régime dotal, basé, au contraire, sur la séparation des intérêts des époux. Sous quelles influences, pour quelles causes, ce régime s'introduisit-il dans la législation romaine ? C'est ce qu'il faut dire et rappeler rapidement, si l'on veut bien comprendre toute l'importance des questions afférentes à la *restitution de la dot*.

Dans l'ancienne Rome, l'indissolubilité du mariage n'est pas écrite dans la loi ; au contraire, les formes du divorce sont réglées par les XII Tables, mais le divorce lui-même est interdit par les mœurs et par la religion. Il n'est pas illégal : il est moralement impossible. Les anciens auteurs, Aulugelle, Denys d'Halicarnasse, Valère Maxime, Plutarque etc.., s'accordent à reconnaître que les cinq premiers siècles de Rome ne virent pas un seul cas de divorce. A cette époque, la femme presque toujours placée sous la *manus* du mari, devenait étrangère à sa famille naturelle, et en s'asseyant au foyer, prenait place dans la famille de l'époux. Il est infiniment probable qu'aux premiers siècles de Rome la *manus mariti* était la suite inévitable du mariage. L'antiquité de son origine se révèle dans les formes particulières, qui l'accompagnent et qui se retrouvent dans les plus anciennes législations. Ainsi la *confarreatio*, particulière à la caste patricienne et sacerdotale, reproduit, dans les moindres détails, le mariage sacré de l'Inde permis aux seuls Brahmines (1).

(1) Lois de Manou, III, 23, trad. Loiseleur-Delongchamps.

La *cœmptio* rappelle l'ancien mariage par vente, seule forme usitée chez les patriarches de la Genèse, chez les guerriers chantés par Homère, chez les tribus Germaines et chez les Hindous, avant que Manou ne l'abolisse. Mais déjà dans la loi des XII Tables, *la manus* n'est plus considérée que comme une suite naturelle, mais non nécessaire du mariage. Gaïus nous indique comment la *manus* peut être évitée par *l'usurpatio* annuelle du *trinoctium.*

La *manus* ne modifie pas les rapports personnels des époux ; par elle-même, elle n'ajoute rien à la puissance maritale. C'est du mariage que le mari tire ses droits sur la personne de sa femme. La *manus* modifie seulement les intérêts pécuniaires des époux ; à ce point de vue la femme *in manu* est véritablement *loco filiæ;* ses biens entrent dans le patrimoine commun au père et aux enfants ; ses acquisitions viennent l'accroître et l'augmenter. La *manus* est un régime nuptial se rapprochant de la communauté universelle ; à la mort du mari cette communauté se partage entre la veuve et les enfants ; la veuve prend une part ; à défaut d'enfant, elle succède seule au mari et la communauté lui revient toute entière. Comme le patrimoine du mari s'est confondu avec le sien, elle aura pour héritiers les agnats de son mari et sera elle-même appelée à leur succession.

Sous un pareil régime, la femme ne peut avoir de biens paraphernaux. Tous ses biens procurent au mari les mêmes avantages qu'une dot et lui servent aux mêmes fins. Ils ont donc pu être qualifiés dotaux par Cicéron (1) et par le jurisconsulte Paul (2). Mais la dissolution de

(1) Topique, 4. — (2) Vaticana Fragmenta, §§ 114 et 115.

la manus n'entraînera pas pour le mari, la nécessité de les restituer ; car nul ne peut être débiteur d'une personne placée sous sa puissance. Néanmoins, si les biens apportés par la femme lui ont été constitués par un tiers, ce tiers a pu, soit par une stipulation, soit par un contrat de fiducie, imposer au mari l'obligation de les restituer.

Vers la fin de la république, un changement profond s'opère dans les mœurs. Les mariages, jadis indissolubles, ne sont plus que des unions passagères, renouées ou rompues par la cupidité ou le libertinage. Comme à Athènes, la femme conquiert une plus grande indépendance ; elle s'affranchit à la fois de la tutelle et de la manus. La perte des droits sur la personne de la femme entraîne pour le mari la perte graduelle des droits sur les biens. Une institution nouvelle vient altérer et dénaturer la manus. La multiplicité des divorces entraine la séparation des fortunes du mari et de la femme ; le régime dotal est, adopté. C'est avec raison, que les anciens auteurs rattachent aux premiers divorces l'introduction du régime dotal dans la législation romaine (1).

Ce régime n'est pas une institution spéciale et propre au droit romain. Quoique le législateur moderne se soit laissé guider par la tradition romaine, il n'est pas sans intérêt de jeter un coup d'œil sur la législation de la Grèce. Les lois d'Athènes organisaient le régime dotal avec une sagesse qui n'a guère été dépassée par les lois actuelles. L'institution de la dot tient une grande place dans le droit grec. D'après M. Gide, qui s'appuie sur un passage d'Isée et sur une définition de Dion Chrysostôme, c'était l'apport d'une dot qui, en l'ab-

(4) Aulugelle, IV, Fr. 3.

sence d'autre solennité, distinguait l'union légitime de l'union illicite, et la femme, à qui son mari n'avait pas reconnu de biens dotaux, était présumée d'ordinaire n'être qu'une concubine. Cette opinion est repoussée par deux autres savants professeurs, par M. Caillemer, dans son étude sur la *restitution de la dot à Athènes* et par M. Rozy, dans son *essai sur le droit privé Athénien*. (1). Ces deux jurisconsultes adoptent l'opinion de Schœmann, pour lequel la dation d'une dot est usuelle, mais non nécessaire pour l'existence du mariage. M. Gide se sépare de ses collègues, en admettant que Solon exigea que toute femme fut dotée et imposa cette charge aux divers tuteurs de la femme, père, frères, aïeux, collatéraux, ou à leur défaut à l'Etat lui-même. M. Rozy au contraire, s'attache à ce que dit Plutarque d'une loi de Solon défendant à la femme d'apporter à son mari plus de trois robes et des meubles importants, et en conclut que la constitution de dot n'était pas obligatoire.

En apposant sa signature sur l'acte qui contenait l'inventaire et l'estimation des biens de la femme, le mari, au moment du mariage, s'engageait à les restituer un jour. Administrateur de la dot, il en était aussi le maître pendant le mariage : mais son droit était limité par la double obligation d'entretenir la femme et les enfants sur les revenus dotaux et de restituer le capital de la dot, lors de la dissolution du mariage. Cette restitution était garantie par des actions spéciales, intentées par les tuteurs de la femme, en cas de divorce ou de veuvage, ou par les héritiers de la femme, si l'union était

(1) Rozy, *Essai sur le droit privé Athénien*, p. 17 et suiv.

dissoute par sa mort. Un privilège légal, et le plus souvent une hypothèque venaient assurer l'efficacité de ces actions en restitution.

Lorsqu'Athènes succomba sous les armes romaines, sa philosophie, ses arts, sa littérature s'imposèrent aux vainqueurs. Rome lui dut aussi la réforme de ses lois et dans le droit romain transformé, l'élément grec tint une place considérable. Dans une législation, où la coutume est une des sources les plus fécondes des règles du droit, les changements dans les mœurs entraînent nécessairement et promptement des changements dans les lois. Les Romains ne firent pas d'emprunts directs à la législation grecque ; mais qui pourrait déterminer l'intensité de l'influence latente exercée par elle sur la législation nouvelle inaugurée par Auguste ? Au contract des orientaux et des grecs les mœurs romaines se transformèrent, et réagirent sur les lois. La condition juridique de la femme fut profondément atteinte : elle devint indépendante dans la famille : mais cette indépendance même nécessita la création des mesures protectrices.

L'usage s'établit d'abord de faire promettre au mari, lors de la *conventio in manum*, de restituer à la femme, en cas de divorce, une partie des biens qu'elle lui avait apportés. Plus tard, cette clause usuelle fut sous-entendue, et le mari obligé de restituer, lors du divorce, tous les biens que la *manus* lui avait fait acquérir.

La constitution d'une dot, fort rare dans l'ancienne Rome, devint, chez les Romains de la fin de la république et de l'empire, une condition habituelle du mariage. En fait, la constitution d'une dot était la circonstance la plus caractéristique servant à distinguer le mariage du concubinat. Mais comme dans une société corrompue le législateur a besoin d'encourager les mariages, la constitution de dot devint légalement obligatoire. Cette obligation fut imposée non-seulement au père, mais même aux agnats de la fille nubile.

Assurer la constitution de dot ne suffisait pas en présence de divorces si fréquents et si répétés que Sénèque a pu dire : « *Numquid jam ulla repudio erubes-* » *cit, postquam inlustres quædam ac nobiles feminæ non* » *consulum numero, sed maritorum annos suos computant* » *et exeunt matrimonii causa, nubunt repudii.* » Il fallait garantir la conservation de cette dot, pour que les femmes pussent trouver de nouveaux époux et obéir ainsi aux dispositions légales qui, à partir d'Auguste, imposaient indirectement, dans un intérêt public et social, l'obligation du mariage et celle de la procréation des enfants : *Interest republicæ mulieres dotes salvas habere propter quas nubere possint.*

Dans le sens propre du mot, la dot est le bien que la femme apporte au mari, soit en propriété, soit en jouissance, pour lui aider à supporter les charges du ménage. Le caractère essentiel de la dot consiste dans l'obligation imposée au mari de conserver ce bien et de le restituer à la dissolution du mariage. En vertu de cette obligation, chacun des époux a un patrimoine séparé. Cette conservation obligatoire constitue le trait caractéristique du régime dotal. Il se retrouve dans toutes les législations qui ont cherché à assurer et à garantir l'indépendance de la femme mariée.

Cette dot si nécessaire dut être protégée et contre la dissipation du mari et contre les entraînements de la femme. La loi Julia défend au mari d'aliéner le fonds dotal sans le consentement de la femme. Des édits d'Auguste et de Claude interdisent à la femme d'intercéder en faveur de son mari, ou de le libérer, en acceptant la restitution de la dot pendant le mariage (1). La jurisprudence annulle, comme contraire à l'ordre public, tout pacte par lequel la femme consent à abandonner ses droits dotaux (2). Et comme si ce n'était pas assez encore, la dot est placée en dehors de la loi commune. Que la femme se donne en adoption, que son père la mancipe, qu'elle passe sous la *manus* d'un étranger, que sa personne civile soit anéantie, ses obligations et ses droits périront par l'effet de la *capitis deminutio* qu'elle a subie ; mais sa dot résistera à toutes ces vicissitudes, et dans la disparition générale du patrimoine, elle conservera toute son intégrité. Quels que soient les changements survenus dans sa condition civile, elle reste toujours femme. Il faut toujours qu'elle se marie, ou puisse se remarier. Sa dot doit lui être conservée. L'admissibilité du divorce et l'introduction du régime dotal ont dénaturé la *manus* et renversé la puissance maritale. Par une subite répudiation, la femme peut exiger la restitution de la dot : elle en est la maîtresse. Le mari, sans cesse sous le coup de l'action *rei uxoriæ*, se trouve dans la dépendance de sa femme, et Plaute a pu dire « qu'en acceptant la dot, il aliénait sa puissance : *argentum accepi dote imperium vendidi* (3). » Ajoutons avec Horace : *dotatæ mactant et malo et damno viros.*

Les antiques lois Oppia et Voconia avaient voulu

_____

(1) Fr., 2, d. lib. 16, t. 1. Pellat, *de Jure dotium*, p. 36.
(2) L. 14 et l. 19. D. lib. 23, t. 4.
(3) Plaute. *Asinaria*. Horace, ode III, 24.

qu'aucune femme ne pût être à la fois riche et indépendante, et n'essayât de corrompre les vieilles mœurs par le scandale de ses dissipations; mais quand il fallut exciter les citoyens au mariage par l'appât de grosses dots, le droit dut favoriser lui-même l'enrichissement des femmes. Jamais celles-ci n'avaient été si opulentes qu'au commencement de l'empire ; jamais surtout elles n'avaient fait un abus aussi scandaleux de leur fortune. Ce n'était plus le luxe; c'était le débordement de tous les vices. Auguste tenta vainement de lui imposer une digue. Les lois par lesquelles il se vantait d'avoir restauré les mœurs antiques, provoquèrent de nouveaux raffinements de débauche. On se maria, comme dit Plutarque, pour avoir, non pas des héritiers, mais des héritages ; et, puisque la loi conférait des privilèges aux citoyens pères de plusieurs enfants, les maris cherchèrent à se procurer ces privilèges en encourageant les désordres de leurs femmes. Jamais la morale publique ne fut plus ouvertement outragée que le jour où Auguste s'avisa de la prendre sous sa protection, et ce prince, que ses flatteurs nous représentent en vain comme le restaurateur de la famille et de la société, put se convaincre que, si le despotisme peut corrompre aisément les vertus publiques, il est heureusement impuissant à les améliorer. Toutes ces lois, dont le résultat le plus clair avait été de répandre dans toute l'Italie des légions de délateurs à gage, pour épier et divulguer la honte des familles, reconnues bientôt impuissantes et vaines, ne tardèrent pas à tomber.

Seul, le régime dotal survécut. Détourné de sa destination première, il s'est, devant le progrès du christianisme accommodé à de nouvelles mœurs. La dot, instituée pour favoriser et les divorces et les seconds mariages, s'est trouvée répondre à des nécissités durables et universelles.

Saint Paul avait dit : ce n'est point aux enfants à recueillir du bien pour leurs pères, mais aux pères à en amasser pour les enfants. (1) Aussi une partie des biens devient indisponible, sous les empereurs chrétiens, dans l'intérêt des enfants. La dot déjà inaliénable sous Auguste à l'égard du mari, le devient complètement sous Justinien. La défense est absolue : la volonté de la femme ne peut plus valider l'aliénation. Mais l'œuvre et le but ne sont plus les mêmes ; loin de favoriser les seconds mariages, à l'exemple de l'Eglise Justinien les réprouve. L'inaliénabilité dotale a un tout autre fondement que sous Auguste ; elle est devenue un privilège pour les enfants. Imposée à la femme, comme au mari, elle n'est plus une faveur, une protection accordée à la femme. La dot est désormais le patrimoine commun du ménage. Les enfants le retrouveront intact malgré la ruine de leurs parents. Pour réclamer la dot, la femme et les enfants sont armés d'une hypothèque, d'un privilège et d'un action en revendication. Jadis maître de la dot, le mari commence à devenir, ce qu'il est aujourd'hui, l'administrateur responsable de la fortune d'autrui.

Assurer la consevation de la dot dans l'intérêt général de la famille, tel est le but de Justinien. La femme ne pourra plus consentir à l'aliénation de ses biens dotaux, ni préter les mains à leur aliénation indirecte, en s'obligeant envers les créanciers de son mari.

---

(1) Aux Corinthiens, 2ᵉ épitre, XII, 14.

Le régime dotal est devenu l'expression d'une loi générale et permanente qui, sous des formes variées, s'est imposée à tous les siècles et à tous les peuples, la loi de la conservation des biens dans les familles, Nous ne voulons pas examiner jusqu'à quelles limites ce principe de la conservation peut conduire le législateur, et si le régime dotal, par l'inaliénabilité générale qu'il établit, n'est pas une entrave à la liberté des transactions. Nous ne voulons pas rechercher davantage de quelles modifications ce régime serait susceptible, tout en faisant une part aussi large que possible au principe de la conservation. Notre ambition est plus modeste, et parmi les diverses questions auxquelles il donne naissance, nous nous contenterons d'examiner celles qui sont relatives à restitution de la dot.

Nous diviserons cette matière en deux parties, consacrées au droit romain et au droit français moderne.

DROIT ROMAIN.

La dot est toute chose, corporelle ou incorporelle, donnée ou promise, par la femme ou par une autre personne pour elle, au mari, afin de l'aider à soutenir les charges du mariage. Elle peut être constituée à toute époque, avant ou après le mariage. Elle l'est par dation, par diction ou par promesse. (1). Dans le premier cas, le mari devient propriétaire des choses constituées en dot : dans les deux autres, il en devient créancier. La dation s'opère par les modes habituels de translation de la propriété : par la mancipation, pour les choses *mancipi* : par la tradition, pour les choses *nec mancipi* et pour les fonds provinciaux : par la *cessio in jure* pour les choses *mancipi vel nec mancipi* . Comme tout autre acquéreur

(1) Ulpianus, Reg. t. 6, § 1.

le mari peut, suivant les cas, acquérir le *plenum jus quiritium*, ou se trouver seulement *in causa usucapiendi*, ou n'obtenir que la propriété prétorienne, *in bonis habere*.

La *dictio dotis* était une espèce de contrat verbal et engendrait au profit du mari une *condictio certi vel incerti*. Cette forme d'engagement, toute spéciale à la dot, était limitée quand aux personnes qui pouvaient l'employer. Pouvaient seuls faire une *dictio dotis* : 1° la femme *sui juris*, avec l'autorisation de son tuteur, tant qu'existât la tutelle perpétuelle des femmes, et non la femme restée sous la puissance paternelle (1) : 2° le père ou l'ascendant mâle, uni à la femme par un ascendant mâle : 3° le débiteur de la femme, délégué par elle à son mari.

La *promissio dotis* n'est que l'application, au cas de la dot, de la forme générale de la stipulation. Elle engendre au profit du mari une *condictio certi* ou une action *ex stipulatu*. La dation et la promesse par stipulation peuvent être employées par toute personne. La dot peut encore être constituée par une acceptilation, faite au profit du mari débiteur, ou bien encore au moyen d'un legs fait au mari *dotis constituendæ causa*.

Pendant le mariage, le mari est propriétaire des choses dotales, Il en a le *dominium ex jure quiritium*, ou il les a *in bonis*, ou il peut les usucaper *pro dote*, si la personne qui les lui a livrées n'en était pas propriétaire. Cette acquisition de la propriété des choses dotales par le mari se produit, non seulement lorsque la dot a été constituée par dation, mais aussi lorsqu'elle l'a été par *promissio* ou *dictio* : car lorsque le promettant s'acquitte entre les mains du mari, la chose payée

(1) Ulpianus Reg. t 11 § 20 -- Vatic. fragm. § 93.

devient dotale et se trouve transférée au mari. La propriété du mari sur les choses dotales est mise hors de doute par un grand nombre de textes (1). Il peut aliéner les choses dotales, affranchir les esclaves (2), éteindre, par novation ou par acceptilation, les créances mobilières. Son droit n'est restreint par la loi Julia *de adulteriis*, qu'à l'égard de l'immeuble italique, constitué en dot sans estimation : le mari ne peut l'aliéner sans le consentement de sa femme ; mais sous Justinien ce consentement « lui-même est impuissant à relever le mari de son incapacité. Quant à l'immeuble apporté en dot avec estimation, le mari est censé avoir acheté l'objet pour le montant même de l'estimation. Est alors dotal, non l'immeuble, mais la somme à laquelle il a été estimé (3). C'est pour mieux assurer la restitution de la dot que la *lex Julia* restreint le pouvoir d'aliénation du mari : mais sa disposition même démontre irréfutablement l'existence de la propriété du mari.

Rappelons encore qu'Ulpien distingue trois espèces de dot : la *profectice*, celle qui a été constituée par un ascendant paternel mâle de la femme ; la dot *adventice*, constituée par tout autre personne : elle prend la

(1) Gaius com. II § 62 et 63 — L 49 de furtis liv. 47 t. 2. 24 de act. rerum amot. liv. 25 t. 2. -- L. 7 § 3 et l. 9 § 1 de jure dot- liv. 23 t. 3 -- L. 47 § 6 de peculic liv. 15 t. 1.

(2) L. 21 de manumissionibus liv. 40 t. 1 --L. 3 au c. de jur. dot. liv. 5. t. 12 L. 7 an c. de serv. pig. liv. 7 t.8.

(3) L. 10 § 4 et 5 de jure dot. liv. 23 t. 3 --L. 9 § 3 qui potior, liv. 20 t. 4. -- frag. Vat. § 105 et 111. -- C 6 auc, de usufructu liv. 3 t. 33. -- Petri exceptiones liv. 1ᵉ chap. 34.

qualification de *receptice*, lorsque le constituant a stipulé qu'elle lui serait rendue.

Ces principes généraux rappelés, nous nous proposons d'examiner les diverses questions que fait naître la restitution de la dot. Nous les exposerons, en nous attachant aux principes admis par les jurisconsultes de l'époque classique, sauf à indiquer les modifications apportées par les constitutions impériales postérieures, ou par Justinien, Nous diviserons cette matière en six chapitres, et nous traiterons sucessivement, 1° des cas dans lesquels la dot doit être restituée, 2° de l'époque de la restitution, 3° des personnes qui peuvent exiger cette restitution, 4° des personnes par qui elle est dûe, 5° de son étendue 6° des actions qui la garantissent.

CHAPITRE PREMIER.

Des cas de Restitution.

Du rapprochement des divers textes, relatifs à la restitution de la dot, ressortent trois règles distinctes par les motifs qui les ont inspirées et par les exceptions qui y furent apportées. Elles peuvent être ainsi formulées : 1° la restitution de la dot ne peut être *exigée* qu'à la dissolution du mariage : 2° elle ne peut-être *volontairement* opérée par le mari pendant le mariage : 3° elle n'est pas toujours *dûe* à la dissolution du mariage.

SECTION PREMIÈRE

*Première règle. — La restitution de la dot ne peut être
exigée qu'à la dissolution du mariage.*

La constitution de la dot a pour but de faire contribuer
la femme aux charges du mariage et de les alléger
pour le mari. La nature de la dot est donc d'être donnée
pour toute-la durée du mariage, car sa destination subsiste-
tant que l'union des époux n'est pas rompue. Le mari
ne peut donc être contraint de la restituer avant la
dissolution des justes noces par la mort, le divorce, la
captivité ou même la servitude de l'un des époux. Mais
ce principe est écarté dans les cas où les jurisconsultes
ne virent d'autre moyen de conserver la dot et de réserver ainsi à la femme l'éventualité d'une union future,
intéressant l'ordre social (1), qu'en faisant sortir la dot
du patrimoine du mari.

Quelques commentateurs ont voulu trouver un de ces
cas exceptionnels dans l'hypothèse où l'un des époux
est condamné à la déportation ; nous croyons au contraire, que loin de déroger au principe, les textes, relatifs
à ce cas particulier, en contiennent une formelle application. Nous remarquerons d'abord que la déportation et
l'interdiction de l'eau et du feu, emportant toutes deux
la privation immédiate de la *civitas*, auraient dû dissoudre
le mariage du condamné. Cependant plusieurs textes (2)

(1) L. 2 de jure liv. 23 t. 3 -- L. 1ᵉ soluto mat. liv. 24 t. 3
(2) L. 5 § 1 de bonis damn. liv. 48 t. 20 -- L. 13 § 1 donat.
inter. liv. 24 t. 1 -- c1ᵉ au 1ᵉ de repudiis l. 5 t. 17.

nient cette conséquence : mais ils nous paraissent contradictoires avec les deux principes suivants. Les pérégrins n'on pas le *jus connubii* ; la déportation fait perdre au condamné la *patria potestas* sur les enfants nés antérieurement à cette condamnation. Comment comprendre qu'il puisse l'acquérir sur les enfants postérieurement conçus ? On aurait donc dû décider que la déportation entraîne la dissolution des justes noces, et alors la restitution de la dot n'aurait été qu'une application du principe général (1). Tout, au contraire, Ulpien, Marcellus, l'empereur Alexandre disent que le mariage n'est pas dissous, si les époux conservent *virum mariti affectionem et mulierem uxoris animum*. Le mariage se transforme en *matrimonium non justum* ; telle est l'idée à laquelle il faut recourir pour comprendre cette dérogation aux principes. Puisque le mariage n'est pas dissous, Ulpien et Marcellus en concluent que la dot ne doit pas être restituée. Mais, à la dissolution du mariage, le père de la femme, si elle est *filia familias*, et elle même, si elle est *mater familias* pourront intenter l'action en restitution. Cependant Paul paraît être d'un avis contraire dans la loi 56 *soluto matrimonio* et admettre que la déportation, entraînant la dissolution du mariage, autorise l'exercice de l'action *ex stipulatu*. Mais sa solution s'appuie sur cette considération qu'il ne peut pas dépendre de la volonté du mari de la femme déportée , d'enlever l'action au stipulant, en maintenant une union dissoute par la déportation. Les textes sont donc absolument contraires à l'opinion qui veut trouver dans le cas de déportation une dérogation au principe général ; loin d'autoriser la res-

(1) V. Accarias, **Précis de droit romain** , n° 97.

titution de la dot pendant la durée du mariage, ils s'y refusent complètement.

Mais ici une difficulté s'élève. Comment la femme, si elle a subi la déportation, et par suite la *média capitis deminutio* pourra-t-elle avoir conservé contre son mari l'action *rei uxoriæ ?* Ulpien répond qu'elle pourra agir quasi *humanitatis intuitu hodie nata actione.* Si le mari a été condamné à la déportation, sa dette ne doit-elle pas aussi s'éteindre, comme celle d'un homme décédé sans héritiers ?- L'empereur Alexandre décide que, si la femme ne peut plus avoir d'action contre son mari, elle ne peut néanmoins rester sans dot. Le fisc, qui a recueilli les biens du condamné, pourra être poursuivi, lors de la dissolution du mariage, jusqu'à concurrence de l'actif par lui recueilli (1).

Exceptionnellement, la restitution de la dot peut être exigée pendant le mariage, lorsque l'insolvabilité du mari fait craindre pour l'existence même de la dot. Pour la conserver, la femme doit avoir le droit d'en demander la restitution. A l'époque classique, pour que la femme puisse exercer ce droit, l'insolvabilité du mari doit être actuelle. Il doit être évident, qu'au cas de dissolution immédiate du mariage, il ne serait pas en mesure de restituer, *constat exinde dotis actionem competere, ex quo evidentissime apparuerit mariti facultates ad dotis exactionem non sufficere* (2). Néanmoins, la femme n'est pas

---

(1) L. 31 solut. mat. liv. 24 t. 3. -- 1. 11 de jure fisci. liv. 49 t. 14.

(2) L. 24 sol. mat.

obligée d'attendre que l'insolvabilité du mari soit entière ; son action perdrait alors évidemment toute son utilité. Cette dernière considération influa sur le développement de la jurisprudence ; et à une époque postérieure, dont aucun texte ne permet de déterminer la date précise, la femme put agir en restitution de sa dot, dès qu'elle avait des craintes sérieuses pour sa conservation, dès que le mauvais état des affaires du mari faisait prévoir sa prochaine insolvabilité, *viro incohante male substantia uti.*

Si la femme laisse saisir et vendre les biens du mari, la *venditio bonorum* comprendra l'immeuble dotal lui-même, dont l'aliénation involontaire et forcée n'est pas empêchée par la loi Julia. La femme réclamera la valeur de sa dot au *bonorum emptor ;* elle viendra comme créancière mais avec le droit qui lui appartient de primer les simples créanciers chirographaires.

Cette faculté de réclamer la dot avant la dissolution du mariage étant contraire à la rigueur des principes, à *l'élegantia juris*, la femme n'a pas une action directe, mais une action utile basée sur la fiction que le mariage s'est dissous par le divorce, *ficti divortii falsa dissimulatione.*

Justinien fait une application de cette règle dans la const. 29 (1). Une femme s'est fait donner une hypothèque pour la garantie de sa dot, de la donation *ante nuptias* et des paraphernaux ; son mari étant sur le point de tomber en déconfiture, elle se présente pour exercer ses droits. Les créanciers du mari, quoique pos-

---

(1) Cod. de jure dotium, liv. 23 t. 3.

térieurs à l'hypothèque de la femme, s'opposent à son action. Ils prétendent que le droit n'est pas ouvert, le mariage n'étant pas dissous. Consulté, l'empereur répond que l'insolvabilité du mari permet à la femme, même pendant le mariage, d'intenter l'action hypothé-caire contre les tiers. Mais la femme ne pourra aliéner la dot qui lui est restituée. Elle devra en employer les fruits et revenus, à son entretien, à celui de son mari et de ses enfants. Les créanciers hypothécaires pos-térieurs ne pourront, pendant la durée du mariage, user du *jus offerendœ pecuniœ* ; la femme doit être pré-servée contre tout danger.

Dans la C. 30 (1), Justinien autorise la femme à poursuivre la restitution de sa dot, dès que le mari est en déconfiture. Il supprime la fiction qui consistait à supposer un divorce intervenu. La demande de la dot n'est exceptionnellement autorisée pendant le mariage que pour permettre la conservation même de cette dot nécessaire, indispensable, à l'époque classique, pour une nouvelle union, à toute époque, pour l'entre-tien de la famille et de la femme. Celle-ci peut exiger la restitution de toute dot qui lui eut été rendue en cas de divorce : mais elle ne peut réclamer la dot réceptice dont le constituant a stipulé le retour, lors de toute dissolution du mariage. Dans cette hypothèse, le constituant lui-même ne peut intenter l'action *ex stipu-latu* contre le mari : car la condition apposée à l'exer-cice de son droit ne s'est pas réalisée.

Si la femme est atteinte de démence ou de fureur et que le mari par l'effet d'un calcul honteux, ne veuille

_____

(1) Cod. de jure dotium.

pas divorcer, afin de jouir de la dot de la femme, et
néglige de faire donner à celle-ci les soins nécessaires,
le curateur de la femme pourra s'adresser au magistrat pour faire déterminer la somme que le mari devra
fournir, d'après l'étendue de la dot, afin de pourvoir
aux besoins et à la santé de la femme. Si le mari est
un dissipateur, la dot sera sequestrée (1).

SECTION II

*Seconde règle. — Le mari ne peut pas restituer volontaire-
ment la dot pendant le mariage.*

Les commentateurs du droit romain n'assignent pas
tous la même origine à cette seconde règle. Les uns,
comme Hasse et Gluck, la rattachent à la prohibition
des donations entre époux. A leur yeux, une restitution anticipée est considérée comme une donation
du capital dotal, dans le cas où par la mort de la
femme, la dot doit rester définitivement au mari, et
dans les autres cas, comme une donation de revenu.
D'autres jurisconsultes parmi lesquels Francke, Pellat
et Vangerow, tout en reconnaissant qu'il y a quelque
rapport entre la prohibition des donations et celle
de restitution de la dot pendant le mariage, pensent
que ces règles ont chacune leurs motifs et leurs effets
spéciaux. Nous nous rattachons à cette dernière interprétation.

En effet, les jurisconsultes romains n'auraient pas

(1) L. 28 § 8 sol. mat.

pu déduire, de la prohibition des donations entre époux
la défense de restituer la dot pendant le mariage. La
première règle a pour but d'assurer à chacun des époux,
son patrimoine contre la cupidité de son conjoint et sa
propre faiblesse. Elle paraît s'être établie vers la fin de
la république : car la loi Cincia, rendue vers l'an 550
de Rome, mentionne les conjoints parmi les personnes
exceptées des restrictions apportées aux donations entre
vifs (1). Tant que les mœurs furent pures et les divorces rares, les libéralités entre époux, impossibles du
reste sous le régime de *la manus*, présentèrent peu
d'inconvénients. Mais lorsque le lien du mariage fut
fréquemment rompu par le divorce et que le luxe se fut
répandu presque dans toutes les classes, les donations
entre époux furent prohibées pour éviter que la cupidité
d'un des conjoints n'abusât de la faiblesse de l'autre
pour le dépouiller, et divorcer après s'être enrichi à ses
dépens (2). Cette prohibition souffrait de nombreuses
exceptions et était, du reste, restreinte aux libéralités,
engendrant à la fois l'enrichissement du donataire et
l'appauvrissement du donateur. Ce dernier n'était considéré comme appauvri que lorsqu'il s'était dépouillé
d'un capital acquis et non lorsqu'il avait abandonné
son revenu. Ainsi, le donateur d'un fonds ou d'une
somme d'argent pouvait bien répéter le fonds ou le
capital donné, mais non les fruits recueillis sur le fonds
ni les intérêts perçus. De même le paiement anticipé
fait par le conjoint débiteur était valable, alors même
qu'il eut été accompli dans l'intention de faire bénéficier

(1) Frag. Vat. § 298 et 203
(2) L 1 et l. 3 de don. inter vir. et ux.

l'époux créancier de l'intérêt du temps intermédiaire. (1).

Or la dot ne fait pas partie de ce patrimoine propre au mari que la défense de donner a pour bût de protéger ; elle n'est dans les biens du mari que pour une destination temporaire, et doit en définitive être restituée à la femme. En partant de cette idée, les jurisconsultes auraient dû considérer la restitution anticipée de la dot comme équivalent au paiement d'une dette non échue, paiement autorisé entre époux et qui ne constitue pas une donation prohibée. Tout au contraire, le mari, qui a prématurément restitué la dot, peut la répéter. Les deux prohibitions ne concordent donc pas entre elles.

Il est vrai qu'une constitution d'Honorius et de Théodose (2) parait expliquer la nullité de la restitution anticipée de la dot par la nullité des donations. Mais, comme le faisait remarquer M. Pellat, si l'on peut voir, à la rigueur, dans cette restitution une donation, ce serait une erreur de croire que la restitution anticipée de la dot n'a pas d'autre base et qu'elle est régie par les mêmes principes que la prohibition des donations. La fin du texte le prouve clairement. Le mari peut se faire rendre avec la dot, les fruits recueillis depuis la restitution et non consommés. Cette disposition n'est pas une règle nouvelle. Alexandre Sévère, Dioclétien, Julien et Ulpien donnaient la même solution dans le cas où le mari a abandonné la jouissance de la dot à sa femme, ou lui

---

(1) L. 15. § 1 l. 17. l. 31. § 6. de don. inter vir. et ux.
(2) C. 1 cod. si dos constante.

a fait remise des intérêts de la dot promise. Or ces jurisconsultes et ces empereurs refusent à l'époux donateur la répétition des fruits et intérêts, même quand le donataire s'en est enrichi (1). Les revenus étant destinés à être dépensés, l'époux a pu en disposer librement. La répétition de la chose donnée sans les fruits, ni les intérêts, suffit pour conserver à l'époux donateur la substance de son patrimoine. Tout au contraire, les fruits de la dot prématurément restituée doivent être compris dans la restitution ; car la maxime, en vertu de laquelle le mari ne peut pas restituer la dot valablement durant le mariage, se rattache à l'interdiction générale de toute convention, ayant pour but de changer la destination de la dot.

Cette interdiction a été probablement introduite dans la législation, romaine par les lois Julia et Papia Poppea. Toute la législation d'Auguste tendait au même but politique, faciliter et encourager les mariages. Punir les célibataires et les gens mariés sans enfants, avantager les *patres*, obliger le père à marier et à doter sa fille, prohiber l'aliénation de l'immeuble dotal sans le consentement de la femme, garantir celle-ci contre les suites de l'affranchissement de l'esclave dotal par le mari, n'auraient pas été des mesures suffisantes pour faciliter à la femme une nouvelle union et pour attribuer aux époux les ressources nécessaires à l'entretien de la famille. Assurer la permanence de la dot, ne pas permettre qu'une restitution intempestive et préma-

---

(3) l. 8 Cod. de don. int. — L. 20 Cod. de jure dotium. — l. 15 § 1 l. 17 l. 21 § 1 de don. int.

turée put la détourner de sa véritable destination, étaient les corrélatifs nécessaires de ces mesures. Nous croyons avec M. Pellat que la prohibition de restituer prématurément la dot a été établie par la loi *Julia*. On admet généralement que les exceptions, apportées à cette défense, ont été introduites par une des lois Julia. Rien n'indique que la défense soit plus ancienne que les exceptions, ni qu'elle ait été introduite par la jurisprudence. Cette prohibition se rattache évidemment au principe posé par Paul en ces termes : *reipubliquœ interest mulieres dotes salvas habere propter qnas nubere possint* (1).

Les dispositions des *leges Juliœ* sont, par la force des choses, étrangères à la dot receptice. La femme ne devant avoir aucun droit, lors de la dissolution du mariage, le but de la prohibition fait ici défaut. Le mari pourra donc sans aucune difficulté restituer durant le mariage la dot receptice au constituant ; il aura ainsi payé par anticipation une dette non échue, mais certaine. Il ne pourra répéter, car la restitution n'est pas contraire à la loi Julia et toute action de la femme est évidemment impossible. Si le mari a restitué, pendant le mariage, la dot réceptice à sa femme, il ne sera pas libéré, même dans les cas exceptionnels où la restitution de la dot est permise. Il ne peut par son propre fait se soustraire à l'obligation qu'il a contractée avec le constituant. Il pourra répéter contre sa femme ; vis-à-vis d'elle cette réstitution anticipée aura constitué une donation entre époux.

---

1) Pellat, textes sur la dot, p. 342 et s.

Ainsi donc la prohibition des donations entre époux et la défense de restituer la dot pendant le mariage, diffèrent l'une de l'autre par leur origine, par leur but, par leurs conséquences et par les exceptions qui y sont apportées.

Après avoir ainsi déterminé, d'après la doctrine du savant et regretté doyen de la faculté de Paris, le véritable fondement de la prohibition de restituer la dot pendant le mariage, voyons quels en sont les effets.

1° Pendant la durée du mariage, et même après sa dissolution, si dans ce dernier cas la dot ne doit pas revenir á la femme ou à ses héritiers, le mari peut répéter ce qu'il a restitué avec les fruits et les intérêts produits.

2° La restitution prématurée de la dot ne libère pas le mari, et la femme peut encore redemander sa dot à la dissolution du mariage. Cette conséquence est repoussée par les auteurs, qui voient dans la prohibition des donations la cause de la prohibition de restituer la dot. Mais cet effet ne peut être nié en présence des textes suivants. Dans la loi 27 §1. D. de *religiosis,* Ulpien nous dit que le mari ne sera pas tenu de contribuer avec les héritiers de la femme aux frais de la sépulture de celle-ci, si, pendant le mariage, il a valablement restitué la dot dans un cas d'exception légale, *in his tamen casibus, in quibus hoc ei facere legibus permissum est.* Donc, si la restitution n'est pas valable, le mari considéré comme ayant encore la dot, n'est pas dispensé de contribuer. Le même jurisconsulte suppose qu'un mari a légué à sa femme la dot par elle apportée. Le legs est sans effet, lorsque la dot a été valablement restituée, pendant la durée du mariage, dans un cas d'exception autorisé. Or, comme la femme ne pourrait demander par *l'actio legati* que ce qu'elle aurait pu obtenir par l'action de demander par l'action de dot, celle-ci, condition de la validité du legs, subsiste donc encore quand le legs, est valable, c'est-à-dire, lorsque la dot a été restituée en dehors des cas exceptionnels (1). Mais si le mari peut encore être poursuivi, c'est donc qu'il n'est pas libéré par le paiement anticipé.

La défense de restituer la dot pendant la durée du mariage est tempérée par quelques exceptions. Dans certains cas, en effet, la dissipation de la dot par la femme n'est pas à craindre, et il peut être utile que les époux se libèrent l'un envers l'autre, même pendant la durée du mariage. Les cas exceptionnels nous sont indiqués par les L. L. 20, D, *soluto matrimonio* et 73 §1ᵉ, D, *de jure dotium*. Examinons-les en détail.

EXCEPTIONS.

1° La dot peut être valablement rendue à la femme, pour qu'elle paie ses dettes. Par cet emploi des valeurs dotales, la femme se trouve plus riche d'autant et libérée d'une manière définitive. Deux conditions sont exigées pour la validité de la restitution : la femme doit avoir réellement des dettes; la restitution doit être limitée à la valeur nécesaire pour les payer.

Hasse et Gluck exigent une troisième condition, à savoir que la femme n'ait pas d'autres biens, à l'aide desquels elle puisse désintéresser les créanciers ; sinon la restitution de la dot constituerait une dona-

(1) L. 1 § 5 D de dote praelegata liv. 33 t. 4.

tion. Cette manière de voir s'appuie sur la 1. 28, D, de pact. dot. Mais outre qu'il est inadmissible que le jurisconsulte Paul se soit mis en contradiction avec lui-même, rien dans la question posée, ni dans la réponse faite par Paul, n'indique que la femme ait d'autres biens. Interrogé sur la validité d'un pacte, par lequel le mari a promis de payer une dette de la femme avec les fruits de la dot, Paul répond que le pacte intervenu avant le mariage est valable parce qu'on peut alors grever la dot d'une charge. Le mariage contracté, le pacte portant sur les fruits destinés à sa subvenir aux charges du ménage le mari dispose de ce qui lui est propre; ces fruits, le mari ne serait pas tenu de les rendre. Il fait donc une libéralité à sa femme. Les deux questions, prévues par Paul, se rattachent à deux ordres d'idées différentes.

L'opinion de Hasse et Gluck est du reste contredite par la 1.85, *de jure dotium,* ou le jurisconsulte Scævola répond que la restitution de la dot est valable, si le prix du fonds restitué et vendu a été appliqué au paiement des dettes, alors même que la femme possède d'autres biens au moyen desquels elle pourrait satisfaire ses créanciers. Sur ce texte, Gluck interprète les mots, *si nulla ea re captio sit futura,* comme signifiant, si le mari ne souffre aucun préjudice, la femme lui ayant remis un fonds héréditaire plus productif. Cette interprétation est inacceptable. Une semblable question n'aurait soulevé aucune difficulté et le jurisconsulte ne s'inquièterait pas de l'emploi du prix du fond dotal, si la femme avait remis d'autres fonds en échange à son mari, cet échange est toujours permis (1).

(1) L. 25, 26, 27, de jure dot. liv. 23 t. 3.

2 ° La dot peut être restituée, *ut mulier se suosque alat.*
Suos signifie ici les gens, les esclaves attachés au service de la femme et non ses propres enfants. Une foule
d'événements peuvent motiver l'abandon anticipé de la
dot à la femme ; le service militaire, des missions po-
litiques, un voyage nécessité par la profession du mari
ou par toute autre circonstance. Dans ces divers cas,
la cause de la restitution est légitime, puisque les revenus de la dot serviront à supporter les charges du
mariage.

3° La femme peut valablement retirer sa dot, *ut
fundum idoneum emat,* pour acheter une terre productive
ou un fonds commode. L'achat d'immeubles était aux yeux
des Romains la manière la plus sûre de placer son argent ; ainsi notamment les femmes ne pouvaient aliéner
leurs immeubles sans l'autorisation de leur tuteur. L'acquisition d'un fonds, rapportant des fruits, ou facile à
louer, ne pouvait donc être considérée comme une dépense inutile. Le fonds nouvellement acquis doit rester
entre les mains de la femme, S'il était remis au mari,
la dot continuerait d'exister ; il n'y aurait pas d'exception à la règle.

4°. La restitution peut encore avoir lieu, quand
elle a pour but de mettre la femme en état de soutenir
ou de racheter de captivité des personnes qui lui sont
chères. Les commentateurs se divisent sur l'interprétation des mots *egens vir*. Par ces termes on ne peut
entendre le mari même qui restitue la dot ; car on se
trouverait dans un des cas où la femme peut non-seulement recevoir valablement, mais encore exiger la
restitution de la dot. Réfuter toutes les explications
proposées par Hasse, Gluck, Franke et Vangerow, nous

3

entraînerait dans de trop longs détails. Nous nous rallions à l'opinion de M. Pellat. « Quant à moi, disait
» l'éminent professeur, je soupçonne fort qu'il y a eu
» ici quelque faute de copiste. Paul pourrait bien avoir
» écrit dans la loi 75 *egentem ex alio viro filium*, comme
» il a écrit dans la loi 20 *liberis ex alio viro egentibus.*
» Avec cette correction, les deux textes sont conformes
» l'un avec l'autre (1). »

Quelles seront les conséquences de cette restitution anticipée ? On ne pourra plus, à la dissolution du mariage, réclamer au mari la dot ou partie de la dot. La femme ou son père seraient repoussés par une exception de dol (2). Mais le mari n'est-il libéré que lorsque la femme a réellement fait de la dot l'emploi convenu ? Nous le pensons. Si le caractère de la femme, ses habitudes d'ordre et d'économie donnent lieu de croire qu'elle n'avait pas l'intention de dissiper la dot, le mari, en la restituant dans un des cas prévus, a satisfait à la loi. Il n'est pas responsable, si des circonstances postérieures ont rendu inutile l'emploi proposé.

Une fois la dot remise, si le motif de restitution vient à disparaître avant qu'on en ait fait l'usage convenu, si, par exemple, les personnes que l'on se proposait de secourir sont mortes, si leur captivité a cessé, le mari pourra redemander la dot par la *condictio ob causam dati causa non secuta*, car la restitution avait été faite dans un but positif qui ne s'est pas réalisé.

Si le mari a de légitimes craintes sur l'usage que fera sa femme de la dot restituée, il peut, ou se refuser à la

---

(1) Pellat. Textes sur la dot p. 373.
(2) L. 21. sol. mat.

rendre, ou faire lui-même, avec le consentement de la
femme, l'emploi indiqué.

SECTION III

*Troisième règle. — La dot ne doit pas toujours être
restituée à la dissolution du mariage.*

Pour l'application de cette règle, nous devons distinguer entre les diverses causes de dissolution : 1° Si le
mariage se dissout par le divorce, la dot, soit profectice,
soit adventice, doit toujours être restituée par le mari.
La femme peut en avoir besoin pour la donner à un
nouveau mari. Mais si la femme est décédée, avant que
la demande en restitution ait été formée, toute destination de la dot en faveur de la femme étant désormais
impossible, le mari, qui a reçu la dot, la conserve.
L'action *rei uxoriæ* ne passe pas aux héritiers de la
femme, à moins qu'elle n'ait été déjà intentée par celle-
ci (1). Il n'est cependant pas nécessaire qu'il y ait eu
litis contestatio, il suffit que le mari ait été mis en demeure (2).

2° Le mariage est-il dissous par la mort de la femme,
la dot profectice retourne à l'ascendant qui l'a fournie
de ses biens; si cet ascendant est déjà mort, la dot
reste au mari. La dot adventice reste toujours au mari.
A cet égard, la mère de la femme est dans la même
situation qu'un étranger : la dot, qu'elle a donnée, ne

(1) Ulpien Règl. t. 6. § 7. -- Vat. § 97.
(2) frag. Vat. n° 95 et 122.

devra pas lui être rendue, à moins qu'elle n'ait stipulé cette restitution, la dot prenant alors le caractère de réceptice.

5° Enfin, si le mariage est dissous par la mort du mari, la dot doit toujours être restituée, afin que la femme puisse s'en servir pour contracter un nouveau mariage.

Tel était le droit antérieur à Justinien. A partir de cet empereur, que la femme meure ou non pendant le mariage, qu'elle ait mis ou non son mari en demeure, peu importe ; les héritiers de la femme pourront toujours poursuivre le mari, comme lorsque dans l'ancien droit la femme avait stipulé que la dot lui serait rendue (1).

CHAPITRE II

De l'époque de la restitution.

Dans les cas où le mari est tenu de rendre la dot *soluto matrimonio*, la restitution n'en est pas toujours immédiate. Avant Justinien, la distinction suivante doit être faite : le mari est-il poursuivi par l'action *ex stipulatu*, il doit, en l'absence d'une convention contraire, rendre toute dot mobilière ou immobilière, comprenant des quantités ou des corps certains, immédiatement après la dissolution du mariage.

Est-il poursuivi par l'action *rei uxoriæ*, la restitution de la dot doit avoir lieu d'après les règles suivantes :

(1) C. 1 cod. de rei uxoriæ actione, § 6.

1° Le mari a-t-il reçu en dot de l'argent, des quantités ou des corps certains avec estimation ; il doit restituer la dot en trois ans, un tiers par année, à moins qu'il ne soit convenu qu'il la restituerait sur-le-champ. Pendant le mariage, les époux ne peuvent pas, par convention, proroger le délai dans lequel la dot doit être restituée, pas plus qu'ils ne pourraient convenir qu'elle ne sera pas rendue. Mais, après le divorce, une convention de ce genre sera valable, si elle a une juste cause et si elle est intervenue pour remédier au mauvais état des affaires du mari (1). 2° Le mari a-t-il reçu des corps certains, il est tenu de les restituer en nature, immédiatement après la dissolution du mariage. Les objets ont-ils péri pendant le mariage par cas fortuit, le mari est libéré. Ont-ils péri par sa faute, il doit en restituer immédiatement la valeur (2).

Mais ces régles sont modifiées quand le mari a une mauvaise conduite. S'agit-il d'une dot qu'il doive rendre par tiers d'année en année, elle devra être restituée immédiatement après le divorce, si le mari est coupable d'une faute grave, c'est-à-dire d'adultère : si le mari n'a qu'une faute légère à se reprocher, la dot doit être restituée par tiers, de six mois en six mois.

S'il s'agit de corps certains restituables immédiatement, le mari devra rendre, outre la chose dotale, une quantité de fruits correspondante au temps dont la restition est avancée en pareil cas, pour la dot restituable en trois termes, *tantum ex fructibus jubetur reddere quantum in illa dote quæ trienno redditur, repræsentatio facit* (3).

(1) L. 8, 15 et 16 de pact. dot.
(2) Ulpien Rég. t. 6 § 8.
(3) Ulpien Rég. t. 6 § 13.

Ce qui revient à dire que la faute grave obligera le mari
à restituer, avec la chose dotale, les fruits de deux années, et la faute légère les fruits d'une année seulement.

Justinien établit, quant au délai de restitution, une
distinction nouvelle ; d'après sa constitution, il faut
examiner si la dot consiste en immeubles ou en meubles. La dot immobilière devra être restituée immédiatement après la dissolution du mariage. Les meubles
dotaux, corporels ou incorporels, devront être restitués
dans le délai d'un an, à dater de la même époque. Le
mari laisse-t-il expirer le délai sans opérer la restitution,
il doit les intérêts à quatre pour cent de la valeur esti-
mative de la dot mobilière, à dater de l'expiration de la
première année, et les fruits de la dot immobilière à
dater de la dissolution du mariage. L'empereur donne
une solution analogue pour le loyer annuel d'un navire,
d'une bête de somme ou des *operæ servorum* et autres
semblables revenus (1).

CHAPITRE III.

Par quelles personnes la restitution de la dot peut être demandée.

Pour déterminer à quelles personnes est dûe la restitution de la dot, il importe de distinguer deux hypothèses : ou bien, lors de la constitution, la restitution
de la dot a été l'objet soit d'une stipulation, soit d'un

(1) C. 1, cod. de rei uxoriæ actione, § 7.

pacte ; ou bien, il n'est intervenu ni stipulation, ni pacte relatif à cette restitution.

1° Si, au moment de la constitution de la dot, il intervient un pacte ou une stipulation, les parties contractantes peuvent spécialement prévoir telle ou telle cause de dissolution du mariage, ou bien la convention de rendre peut être conçue en termes généraux, et le constituant pourra poursuivre le recouvrement de la dot, quelque soit l'événement qui mettra fin à l'union des époux (1).

Le tiers constituant, qui stipule le retour de la dot, doit nécessairement faire cette stipulation au moment même de la constitution dotale. Au contraire, le père, qui constitue une dot à la fille placée sous sa puissance, peut valablement après la constitution dotale, mais avant le mariage, stipuler le retour de la dot. Jusqu'au mariage, en effet, il peut en refusant à sa fille l'autorisation de se marier empêcher qu'il n'y ait une dot, il pourra donc jusqu'à la même époque modifier, quant à la dot, la position de son enfant. Avec le consentement de sa fille, le père pourra même pendant le mariage stipuler valablement le retour de la dot par lui constituée (2).

Si la stipulation a été faite par la femme *sui juris* et que le mariage soit dissous par le prédécès de cette dernière, le mari ne gagnera pas la dot adventice, les héritiers de la femme pourront la répéter contre lui. Mais le bénéfice de la stipulation, faite par une fille placée sous la puissance de son père, serait

(1) L. 22 et l. 29. § 1 soluto matrimonio.
(2) L. 29 P. soluto matrimonio.

acquis à ce dernier. Si la fille, devenue *sui juris* par
la mort du père, était exhérédée, l'action *ex stipulatu*
ne lui apprtiendrait pas après la dissolution du mariage : elle serait acquise aux héritiers du père.

Paul, dans la loi 45, examine une hypothèse
ou s'applique la règle si célébre *alteri nemo stipulari*
potest. Le grand père de la femme a stipulé qu'en
cas de divorce, opéré *sine culpâ mulieris,* la dot serait
rendue à sa petite fille ou à lui-même. La femme
ne peut invoquer cette stipulation : mais si elle a été,
adjecta solutionis gratiâ, par faveur pour le mariage,
Paul veut qu'on lui accorde une action utile : sinon
elle perdrait sa dot, dans le cas où l'aïeul
maternel est mort, l'action appartenant à son héritier.

Si, lors de la constitution dotale, un pacte est intervenu relatif à la restitution, le constituant le fera
valoir par l'action *praescriptis verbis.* En effet, en
donnant la dot, il a excuté sa promesse : le pacte
synallagmatique s'est transformé en contrat innommé,
subsit tamen causa : l'action naît à son profit par l'arrivée
du terme incertain apposé à la restitution.

2° A défaut de stipulation ou de pacte relatif au
retour de la dot, il importe de distinguer comment
le mariage a été dissous.

Si l'union conjugale a pris fin par le divorce ou le
prédéces du mari, la femme pourra répéter sa dot par
l'action *rei uxoriæ,* si à cette époque elle est *sui juris*
sans examiner à quel moment elle a cessé d'être soumise à la puissance paternelle, ni si la cause d'extinction se trouve dans l'émancipation de la femme
dans la mort ou dans la déportation du *pater fami-*

lias (1). L'action appartient à la femme, à l'exclusion
de son père et des héritiers de celui-ci, alors même
qu'elle aurait été exherédée (2) et que la dot fut
profective. La fille *sui juris* pourra la demander seule
au mari ou à ses héritiers. Meurt-elle avant d'avoir
réclamé sa dot, d'après le droit classique l'action ne
passe aux héritiers de la femme que si le mari à
déjà été mis en demeure. A partir de justin les
héritiers ont le même droit que la femme, sans avoir
égard à la demeure du mari (3).

Si, lors de la dissolution du mariage par le divorce
ou le prédécès du mari, la femme est encore sous la
puissance de son *pater familias*, l'action *rei uxoriæ* ne
peut être intentée ni par la femme seule, ni par le père
seul, mais exclusivement par le père avec le concours de
sa fille, *adjuncta filiæ persona* (4). Le père ne peut même
recevoir seul la dot offerte par le mari. Cependant le
père et la fille n'ont pas un droit égal à la dot. Celle-ci
demeure, ou comme dot adventice, soumise à l'usufruit
paternel, ou, au contraire, comme dot profectice, en
pleine propriété acquise au père (4). Cette nécessité
pour le père d'obtenir le concours de sa fille constitue
une dérogation aux règles de la puissance paternelle.
Elle se justifie par cette considération que la dot doit
servir à la femme pour se remarier et conserve toujours

---

(1) L. 42. § 1, D. solut. mat.

(2) L. 44 § 1 solut. mat.

(3) Ulpien Reg. t. 6 § 7 -- Vat. fragm. § 59 et 112. -- c.
1 cod. de rei uxoriæ.

(4) L. 2 § 1 et 2. L. 3 L. 22. § 1, et 5 L. 34 sol. mat. --
L. 2. L. 7 Cod sol. mat. liv. 5 t. 18 salut. mat. liv. 5 t. 18

cette destination, bien qu'on permette au père d'intenter l'action. En exigeant le consentement de la fille, on invite celle-ci à veiller à la conservation de cette dot. Aussi, après la mort du père, la dot doit elle revenir à sa fille et dans quelques circonstances à titre de préciput (1).

Le caractère de la dot adventice ou profectice, ne modifie pas ce principe, le consentement de la fille est toujours nécessaire. Ulpien, dans la loi 2, D, solut. matrim ; parle d'une dot profectice, parce que - l'on aurait pu croire qu'à l'égard d'une dot de cette nature, le père pouvait se passer de l'intervention de sa fille. Celle-ci, du reste, ne peut sans un motif légitime, refuser son consentement à l'exercice par le père de l'action *rei uxoriæ* (2).

Comment la fille doit-elle donner son consentement ? deux hypothèses sont possibles, la fille est présente, ou, au contraire, absente. Présente, elle est réputée consentir par cela seul qu'elle ne s'oppose pas à ce que son père intente l'action. Le consentement exprès ou tacite de la fille doit intervenir au moment de la *litis contestatio* et au moment du paiement de la dot. L'émancipation de la fille, entraînant la révocation tacite de son consentement, elle devra le renouveler, sinon le père n'agira pas valablement (3).

Est-elle en état de démence, on ne peut raisonnablement obliger le père à obtenir un consentement qui ne peut pas être donné. Mais il est raisonnable de sup-

---

(1) C 12 au cod. cum inter jud. liv. 3 t. 38.
(2) L. 22 § 6 sol. mat. liv 24 t. 3.
(3) L. 3 et L. 22 § 5. sol. mat.

poser que la fille, au lieu de favoriser par son inaction
le mari ou ses héritiers, aurait agi, si elle avait eu sa
raison. Dans le doute, il serait injuste que la folie de
la fille fournit un argument contre le père. Aussi les
jurisconsultes admirent-ils le père à poursuivre seul la
restitution des choses dotales, comme exécutant la
volonté de sa fille (1). Si la conduite du père fait craindre que la dot ne soit dissipée, le juge de l'action *rei
uxoriæ* devra prendre des mesures, à l'effet de pourvoir
aux intérêts du père et de la fille.

Si la fille est absente, le père intentera l'action en
son propre nom et au nom de la fille comme *procurator*,
en donnant caution qu'elle ratifiera. Si la fille se cache,
parce qu'elle n'ose ouvertement refuser à son père son
consentement, le préteur devra examiner les motifs de
cette résistance tacite et pourra, après enquête accorder
ou dédaigner l'action au père. Dans l'hypothèse inverse,
le père étant absent, si la fille présente veut obtenir la
restitution de sa dot, elle pourra intenter l'action en
donnant caution que son prèe ratifiera. La même faculté
lui est accordée, si les habitudes de disipation du père
font craindre que la dot ne soit compromise en ses
mains. Si enfin le père est en état de démence, lors de
la dissolution du mariage, son curateur pourra intenter
l'action avec le consentement de la fille : et à défaut de
curateur, la fille pourra l'intenter elle-même en donnant la caution *de rato* (2).

La restitution, faite contrairement à ces règles, ne
sera pas libératoire, et l'action *rei uxoriæ* pourra de

(1) L. 2 § 2. L. 22. mat.
(2) L. 22. § 3, 6, et 10 solut. matr.

nouveau être intentée contre le mari, par la femme
devenue *sui juris*, s'il a restitué au père sans le consentement de la fille, et par le père, si la restitution
faite à la fille a eu lieu contre sa volonté. Mais si le
père a touché les deniers dotaux rendus à la fille sans
son consentement, si la restitution a été faite pour de
justes causes à une femme non dissipatrice, le mari
sera libéré. La restitution a-t-elle eu lieu au profit du
père seul, la fille, devenue *sui juris*, ne pourra plus
néanmoins intenter l'action si la dot a été remise à
son second mari. Elle aura profité de la restitution et
commettrait un dol, en voulant obliger le mari à
payer une seconde fois. L'action de la femme devrait
encore être repoussée, si elle était appelée à recueillir,
comme héritière ou comme légataire dans la succession
de son père, une valeur au moins égale à celle de sa
dot (1).

Le mariage est-il dissous par le prédéces de la femme,
il faut distinguer entre la dot adventice et la dot profectice. Adventice, la dot, à l'époque classique, est acquise
au mari, à moins qu'il n'ait donné la mort à sa femme ;
en ce cas, l'action dotale appartient aux héritiers de la
femme (2). Justinien modifie le principe. Le droit à la
restitution de la dot appartient en général aux héritiers
de la femme, sauf l'application d'une clause de gain de
survie stipulée dans l'intérêt du mari.

Si la dot est profectice, elle fait retour à l'ascendant qui l'avait constituée. Il ne faut pas ajouter,
dit Pomponius, aux regrets inspirés par la mort de

(1) L. 4 et L. 22 § 3 solut. matr.
(2) L, 10. § 1. solut. matr.

la fille la douleur de perdre son argent (1). Si le constituant n'existait plus, la dot dans le droit classique
était aquise au mari. Sous Justinien, les héritiers de
la femme peuvent la redemander (2).

Le constituant pourra-t-il encore invoquer le droit
de retour, quand il a émancipé sa fille ou sa petite
fille ? Cette question est très débattue parmi les commentateurs du droit romain. Pour l'époque classique,
la réponse doit être absolument affirmative : des
textes formels établissent, dans cette hypothèse, d'une
manière non douteuse, le droit de retour du père
(5). L'affirmative du reste, est seule acceptable, si
l'on s'attache à la cause attribuée par Pomponius, à
l'établissement de ce droit de retour : au surplus, dans
les texte où le droit du père est établi, *ex professo*,
sur la dot profectice, on ne distingue pas si la femme
était *filia familias* ou *sui Juris* (4). La majorité des
interprétes allemands Gluck, Thibaut, Rüdorff, Goes-
chen, Puchta, Sintenis, etc., admettent aussi la même
décision sous l'empire du droit de Justinien. Mais
Vangerow (5), Francke etc., pensent que Justinien
a modifié sur ce poïnt l'ancien droit. Le paragraphe
13 de la C. 1° au Code de *rei uxor*, décide que
quand un *extraneus* a constitué une dot et n'a rien
stipulé relativement à sa restitution, une stipulation

(1) L. 6 de jur. dot,
(2) Ulpien Rég. t. 6. § 4. — c. 1 au cod. § 6 de rei ux. act.
(3) L. 72 de evictionibus liv. 21 t. 2. — L. 10 et L. 59
sol. mat.
(4) Vat. fragm. § 108.
(5) Pandekten 7° édition, t. 1er p. 220.

est tacitement sous-entendue au profit de la femme. L'action *de dote* appartient, non à *l'extraneus* mais exclusivement à la femme ou à ses héritiers. Le texte définit *l'extraneus* toute personne, autre que l'ascendant paternel, ayant la fille en sa puissance. Nous devons incontestablement conclure que l'ascendant paternel, n'ayant plus sa fille ou sa petite fille en puissance, doit être considéré comme un *extraneus* et que le droit à la restitution de la dot ne lui appartient pas, s'il ne l'a formellement stipulé. Cette opinion peut encore s'appuyer sur un rescrit de l'empereur Alexandre, qui forme la constitution 4 Cod. *sol. mat.*. Nous reconnaissons cependant qu'un argument *à contrario*, tiré de la rédaction d'un rescrit, est peu probant et n'a pas une grande importance, attendu que les rédacteurs des rescrits avaient l'habitude de rédiger la réponse en vue du cas précis soumis à l'appréciation du prince.

La constitution de Justinien ne prévoit qu'un seul cas, celui où la fille était déjà émancipée lors de la constitution de dot. Que faudra-t-il décider dans l'hypothèse inverse, lorsque la puissance paternelle existant lors de la constitution, le père a postérieurement émancipé sa fille ? Vangerow répond que, Justinien ne disant nulle part que la stipulation tacite du père, établie sans aucun doute dès le début, devra s'éteindre par une émancipation postérieure, il faut par conséquent préférer le droit du père à celui des héritiers de de la femme. On peut invoquer en ce sens les textes insérés au digeste : car, sans en forcer le sens, ils s'appliquent au cas d'une émancipation postérieure. En définitive, on doit donc, sous Justinien, admettre la règle bien simple que l'émancipation antérieure à la constitution de dot exclue le droit du retour du père, mais qu'il n'est pas supprimé par une émancipation postérieure.

Ce fut une question célèbre et fort débattue parmi les glossateurs que celle de savoir, si le droit de retour compète encore au père, lorsque la fille a laissé des enfants. Martinus admettait la négative, tandis que Bulgarus se prononçait pour le droit du père et confirma, à son détriment, par son propre fait sa théorie (1). La pratique adopta plus généralement l'opinion de Martinus ; mais les meilleurs théoriciens se prononçaient en sens contraire (2). De nos jours, l'opinion de Bulgarus est la seule qui puisse être acceptée comme exacte. Avant Justinien, la présence des enfants n'excluait pas le droit des ascendants paternels. Le mari, d'après Ulpien, avait seulement la faculté de retenir un cinquième par enfant, *quintis in singulos liberos in infinitum relictis penes virum.* Justinien modifie l'ancien droit. Il supprime la rétention *propter liberos* et par conséquent la dot profectice doit désormais revenir dans tous les cas au constituant (3).

A propos du retour de la dot profectice, les jurisconsultes romains étaient divisés sur la question sui-

____

(1) De Savigny histoire du droit romain au moyen âge t. 4. p. 83 et s.

(2) Gluk t. to. 27 p. 205 et s.

(3) Ulpien Reg. t. 6. § 4 — Vat. frag. § 108. -- L. 17 ad S. Macedonum liv. 14 t. 6. -- L. 78 § 1 de jure dot. -- L. 10 sol. mat. -- L. 4 au cod. sol. mat. C. 1 § 5 au c. de **rei ux. act.**

vante : l'aïeul paternel a donné au mari une dot pour
sa petite fille issue de son fils. Il meurt, la femme décède ensuite pendant le mariage. La dot constituée par
l'aïeul fera-t-elle retour au père de la femme ? Servius et
Labéon adoptaient la solution négative ; Celce l'affirmative. La décision des deux premiers jurisconsultes est
conforme aux principes du droit et en est logiquement
déduite. Une dot n'est en effet profectice que si elle provient des biens de l'ascendant ou de son fait. Dan s l'hypothèse, la dot est provenue du patrimoine de l'aïeul et
non de celui du père ; celui-ci ne doit donc pas la recueillir. La doctrine de Celse est plus équitable. C'est
en considération de son fils obligé de fournir une dot
à la fille et pour le dispenser d'accomplir cette obligation, que l'aïeul a doté sa petite fille. Le père obligé
par la loi Julia de doter sa fille ne l'aurait pas pu :
l'aïeul propriétaire du patrimoine de la famille, devait
accomplir cette obligation (1).

Si au moment de la dissolution du mariage par la
mort de la femme, l'ascendant paternel est prédécédé,
le mari conserve la dot profectice, ainsi que dans le cas
où les biens de l'ascendant condamné ont été confis-
qués. Toutefois, si la dot avait été constituée après la
perpétration du crime commis par l'ascendant, et dans
le but d'empêcher la confiscation, le fisc pourrait attaquer cette constitution et la faire révoquer comme
frauduleuse (2). Si enfin nous supposons les deux époux
morts dans le même moment, la dot profectice ou adventice, sera acquise aux héritiers du mari, pourvu tou-

(1) L. 79 de jure dot. -- L. 6. de collatione bonorum.
(2) L. 8 § 4 et L. 9 de bonis damnatorum.

tefois que l'ascendant paternel, qui a constitué la dot profectice, soit mort avant les époux.

CHAPITRE IV.

A qui la restitution de la dot peut être demandée. — Du bénéfice de compétence.

D'après les principes généraux, lorsque la restitution de la dot a été l'objet d'une stipulation ou d'un pacte, l'action *stipulatu* ou l'action *præscriptis verbis* peuvent être intentées contre le promettant et ses héritiers.

S'il n'est intervenu ni pacte, ni stipulation, une distinction est nécessaire.

Le mari était-il *sui juris* au moment où il a reçu la dot, celle-ci est entrée dans son patrimoine. Contre lui seul, l'action *rei uxoriæ* pourra être intentée, que la dot lui ait été remise, ou qu'avec son consentement elle l'ait été a une autre personne, placée ou non, sous sa puissance. Le mari était-il *aliené juris* au moment de la constitution de dot, plusieurs hypothèses peuvent se présenter.

La dot a été remise à son père : celui-ci seul pourra être poursuivi. Le fils ne le sera qu'en qualité d'héritier du père. Le père avait ordonné ou a ratifié postérieurement la remise de la dot entre les mains de son fils, celui-ci pourra être poursuivi. En recevant la dot, il s'est obligé lui même à la restituer. En outre, l'action pourra être intentée *in solidum* contre le père, sous forme d'action *quod jussu*, à l'aide d'une modification introduite par le préteur. Si le fils

4

a reçu la dot, sans l'ordre de son père, l'action sera donnée contre lui pour le tout. Le père sera tenu à concurrence du profit par lui retiré de la dot, ou s'il n'en a point profité jusqu'à concurrence du pécule. On comprendra dans la masse du pécule les dettes de la femme envers son mari (1). Dans cette dernière hypothèse, l'action de la femme, intentée *de peculio* contre le père, conservera le caractère d'action privilègiée et donnera à la femme le droit d'être préférée aux autres créanciers dn père, agissant aussi comme elle *de peculio*. Si le père est lui-même créancier de son fils et vient à ce titre prèlever avant les autres créanciers le montant de sa créance, son droit de préférence ne s'exercera pas à l'égard de la femme, quant aux choses données en dot ou acquises à l'aide des biens dotaux. Une semblable solution est donnée par Ulpien dans l'hypothèse assez rare où une femme, ayant épousé par erreur un esclave, se trouve en concours sur le pécule avec le maître de cet esclave (2).

L'obligation de restituer la dot est transmissible aux héritiers ou autres successeurs du mari, ou de l'ascendant paternel Cujas a prétendu que la femme ne pourrait exercer l'action *rei uxoriæ* contre les héritiers de son mari, qu'après avoir constitué celui-ci en demeure. Mais, comme le remarquait Mr. Pellat, c'est refuser à la femme l'exercice de l'action dotale, dans le cas de dissolution du mariage par le prédécès du mari; les héritiers garderaient toujours la dot (3).

Lorsque la dot a été livrée à l'ascendant paternel du

(1) L. 22 § 13 et L. 25 sol. mat.
(2) L. 22 §. 13 sol. mat.
(3) Cujas in titulo de rei ux. act. tit. p. 460. -- Pellat, textes sur la dot p. 14.

mari, ce dernier ne peut être actionné en restitution qu'en qualité d'héritier, l'ascendant paternel étant mort pendant la durée du mariage. Le mari est-il seul héritier l'action sera donnée contre lui pour le tout. N'est-il héritier que pour partie, il ne sera tenu qu'en proportion de sa part héréditaire. Mais, dans cette hypothèse, comme dans celle où il est exhérédé, le mari pourra prélever la dot par l'action *familiæ erciscundæ directe*, s'il est héritier pour partie, *utile*, s'il a été exhérédé. Sur lui seul pèsent désormais les charges du mariage, le père qui les avait supportées jusques-là n'existant plus. La dot doit toujours rester ou se trouvent les charges : le prélèvement doit donc être accordé au mari dans les limites de l'obligation que la réception de la dot avait fait naître pour le père. Si la dot avait été livrée au père lui-même, le mari pourra la prélever en totalité ; mais si le fils l'avait reçue sans l'ordre de son père, le prélèvement devra se borner au pécule ou au profit que le père en aurait retiré. Mais le mari sera obligé de donner caution à ses cohéritiers de les défendre contre l'action en restitution de la dot que la femme pourrait postérieurement intenter contre eux. Ils sont héritiers pour partie et tenus à concurrence de leur part héréditaire de la restitution de la dot (1).

Paul fait une application de ces principes dans l'hypothèse, où le mari a été institué héritier par son père sous condition. Si, après la mort du beau-père, le divorce met fin à l'union conjugale, bien que la condition apposée à l'institution du fils soit encore en suspens, celui-ci pourra prélever la dot, car il supporte les charges du

(1) L. 20 § 2 et L. 51 familiæ erciscundæ t. 6. lib. 2.

mariage depuis la mort de son père. Scævola était du
même avis (1).

Poursuivis par l'action *rei uxoriæ* en restitution de la
dot, le mari ou son ascendant paternel jouissent d'une
faveur appelée *bénéfice de compétence*. En principe, un
débiteur doit être condamné au paiemment intégral de
sa dette, sans que le juge ait à se livrer à l'examen de
ses ressources personnelles, pour déterminer, d'après
leurs limites, le montant de la condamnation. Mais, si
des rapports de parenté, de reconnaissance, de confra-
ternité etc.., unissent le créancier au débiteur, est-il
juste, conforme à ces rapports, de réclamer du débiteur
plus qu'il ne peut ? Exceptionnellement, l'ascendant
poursuivi par son descendant, le patron par son affranchi,
le militaire pour les dettes par lui contractées, l'associé
poursuivi par l'action *pro socio*, le donateur actionné par
le donataire en exécution de la donation etc., ne peuvent
être condamnés que jusqu'à concurrence de leurs facultés
actuelles. Ce bénéfice est étendu au mari ou à son ascendant paternel. Il n'est pas transmissible à leurs héritiers, si ce n'est au profit des enfants issus du mariage et
devenus héritiers de leur père.

La renonciation à ce bénéfice est prohibée : le pacte,
par lequel on conviendrait que la femme pourra faire
condamner le mari pour le tout, est contraire, disent
Ulpien et Pomponius, à la déférence dûe au mari. Cette
raison est-elle bien probante ? Le mari peut être condamné pour le tout sur l'action *ex stipulatu*, et cependant
la déférence dûe à la qualité du mari n'en persiste pas
moins, mais alors, le vrai motif de cette différence de
situation se trouve dans le caractère plus rigoureux de
l'action *ex stipulatu*. Dans l'action *rei uxoriæ*, il est contraire

(1) L. 46 fam. ercis.

à l'équité que la femme veuille dépouiller entièrement celui avec lequel elle a eu ces relations particulières qu'engendre le mariage (1).

Pour jouir de ce bénéfice, le mari n'est pas obligé de faire insérer une exception dans la formule de l'action. Si le juge, commettant une erreur de droit, a condamné le mari pour le tout, celui-ci fera introduire l'exception de dol dans *l'actio judicati*, intentée contre lui par sa femme.

Ainsi condamné à une somme inférieure au montant de sa dette, le mari ne pouvait plus dans le droit ante-Justinien être inquieté pour le surplus, puisqu'une nouvelle action pour la même dette était, ou inadmissible *ipso jure*, ou repoussée par *l'exceptio rei judicatæ*. Mais la femme pouvait exiger avant le jugement, que le débiteur de sa dot lui promit de lui payer le réliquat, s'il revenait à meilleure fortune et qu'il fournit dans ce but une caution (2).

Les facultés du mari ou de son ascendant paternel se calculent sur l'actif sans en déduire le passif. La femme ne peut obtenir de condamnation, qu'en se présentant la première ou lorsque après le paiement des autres créanciers, il est resté quelque chose au mari. A l'égard du donateur seul, on déduit de la valeur de l'actif les dettes dûes à d'autres qu'à des donataires. D'après la loi 173 *de regulis juris*, on doit laisser au mari la somme jugée nécessaire pour subvenir à ses besoins ; la restitution de la dot ne doit pas le conduire à l'indigence. M\ Pellat critiquait cette dernière disposition et accusait Tribonien d'inadvertance ; qu'importe qu'on

---

(1) L. 14 § 1 sol. matr.
(1) L. 12 à 18 sol. mat. -- C. 1 au cod. de rei ux. act. § 7.

laisse au mari condamné la somme strictement nécessaire à ses besoins, si les créanciers, vis-à-vis desquels
il ne jouit pas du bénéfice de compétence, peuvent
venir la lui enlever un instant après ? Une pareille protection n'est utile qu'à celui qui, comme donateur,
peut commencer par déduire le montant de ses autres
dettes ; celui-là seul a intérêt à retenir la valeur nécessaire à l'entretien de sa vie (3). Ce bénéfice de compétence n'est point accordé au mari contre lequel est
intentée l'action *ex stipulatu*.

CHAPITRE V.

De l'étendue de la restitution.

L'étendue de la restitution se détermine d'après la
nature des choses constitutives de la dot. La position
du mari varie suivant que la dot a été constituée en
argent, en choses fongibles, en corps certains livrés sur
estimation ou en corps certains non estimés.

SECTION PREMIÈRE

De la dot consistant en choses fongibles.

Le mari a-t-il reçu en dot une somme d'argent ou des
choses fongibles, c'est-à-dire, des choses considérées *in*

(3) Pellat textes sur la dot n° 149,

genere et pouvant être remplacées par d'autres de même nature, qualité et quantité, *quæ fungi possunt* ; il sera tenu de restituer une égale somme d'argent ou des choses de même nature et en égale quantité. La dot est aux risques du mari.

SECTION II

De la dot consistant en objets livrés avec estimation.

Lorsque le mari a reçu en dot des corps certains, livrés avec estimation, il devient, en l'absence d'une convention contraire, débiteur envers la femme, non pas des corps certains eux-même, mais du prix d'estimation. La dot consiste dans le montant de l'estimation et non dans les choses estimées. Considéré comme acheteur et débiteur d'une quantité, le mari ne peut pas être libéré par la perte de la chose dûe. Les détériorations subies par la chose achetée ne dispensant pas l'acheteur de payer le prix convenu, la perte ou la détérioration de la chose estimée ne change rien à l'obligation du mari de rendre le montant de cette estimation. Le corps certain estimé est à ses risques et périls. La chose eut-elle péri en totalité, le mari n'en est pas moins tenu de l'action *de dote* (1). Le mari a donc intérêt à ce que les biens constitués en dot lui, soient remis sans estimation, surtout lorsqu'il s'agit de choses dont la valeur est exposée à de fréquentes variations, ou difficiles à con-

(1) L. jure dot. -- L. 51 sol. mat. -- C. 10 au cod. de jure dot.

server, comme des esclaves, des animaux ou des vêtements de la femme. Alors même que la femme les a
usés, le mari doit lui restituer l'estimation des vêtements constitués en dot. Il doit les fournir à ses frais à
sa femme, qu'importe qu'elle use ceux qu'il a achetés
d'elle ou d'ailleurs

Supportant seul la perte ou la détérioration des choses dotales estimées, le mari profitera seul de l'aug-
mentation de valeur, si le fonds s'est accru par
alluvion, ou si l'esclave donnée en dot a eu des enfants.
Cette plus-value lui appartient.; il ne doit que le
montant de l'estimation primitive.

Mais l'estimation de la chose donnée en dot peut
être inférieure à sa véritable valeur. Accomplie dans
le but de faire une libéralité au mari, cette estimation trop faible sera sans effet. La chose elle-même
restera dans la dot et devra être restituée en nature à
la dissolution du mariage ; la femme en supportera
les risques ; l'intention réelle de vendre a fait défaut.
Si la femme, ayant l'intention de se défaire de la
chose, a seulement baissé le prix afin de favoriser son
mari, celui-ci devra logiquement rendre la juste estimation en tant qu'il s'en trouvera plus riche au moment
de la restitution (2).

L'estimation trop faible peut être le résultat d'une
erreur, et non de l'intention de se faire une libéralité.
La femme a été lésée et cette lésion, quelle qu'en
soit l'importance, doit être réparée. En effet, la vente
dotis causa n'est pas régie absolument par les mêmes

(2) L. 12 de jure dot. -- L. 5. § 5. L. 31. §. 3. de don.
int. vir et ux,

principes que la vente ordinaire ; dans cette dernière, la spéculation est permise, l'un des contractants peut chercher à gagner sur l'autre. Avant Dioclétien et Maximien, la lésion, sauf le cas de dol ou de violence, ne donnait pas lieu à la rescision de la vente ; depuis ces empereurs, la rescision n'était autorisée que si le vendeur était lésé de plus de la moitié du juste prix. Au contraire dans la vente *dotis causa*, la lésion doit être toujours réparée.

D'après Ulpien et Marcellus, si la lésion éprouvée par la femme peut venir de ce qu'elle a donné la chose, le fonds ou l'esclave estimé, au lieu de la donner non estimée, elle s'est ainsi réduite à une créance de somme d'argent, au lieu du droit de réclamer un fonds ou un esclave qu'elle avait intérêts à conserver. Dans ce cas, le juge de l'action *rei uxoriæ*, autorisé par la formule *quidquid æquius melius* à adopter tous les tempéraments suggérés par l'équité, condamnera le mari à rendre le fonds ou l'esclave lui-même.

Si la lésion subie par la femme découle d'une estimation inférieure à la valeur réelle de l'esclave, distinguons si l'esclave est ou n'est plus vivant. L'esclave étant mort lors de la restitution, le mari sera tenu de rendre le montant de l'estimation et non la valeur réelle de l'esclave. En effet, il peut toujours prétendre qu'il ne se serait pas chargé de l'esclave pour une valeur supérieure. La femme ne peut se plaindre et doit, au contraire, s'applaudir de ce que l'esclave a été estimé à un prix quelconque, si faible qu'il soit. L'esclave, livré sans estimation, eut péri pour elle et non pour le compte du mari, libéré par la perte du corps certain. Cependant Ulpien, reproduisant les

opinions de Marcellus et de Scævola, cite deux
cas dans lesquels, malgré la mort de l'esclave,
la femme obtiendra la valeur véritable. Ceci se
réalise, lorsque la femme mineure a trouvé, du
vivant de l'esclave, un - acheteur qui lui en donnait
le juste prix. La femme peut encore obtenir la juste
estimation, lorsqu'il il y a eu dol de la part du mari.

Si l'esclave est encore vivant, lors de la restitution
de la dot, la réparation de la lésion soufferte par
la femme ne consistera pas à lui faire payer la
valeur réelle de l'esclave. Le mari peut prétendre
que, si l'estimation est en réalité trop faible, il
n'aurait pas néanmoins consenti à acquérir l'esclave
pour un prix plus élevé. Il aura donc le choix de
donner à la femme ou l'esclave lui-même ou la valeur
de l'estimation (1).

A l'inverse, le mari pourra également obtenir du
juge de l'action *rei uxoriæ* la réparation de la lésion
que lui a fait éprouver une estimation trop élevée.
L'équité ne permet pas que l'un des époux s'enri-
chisse jamais au détriment de l'autre (2).

Assimilé à un acheteur, le mari, qui a reçu une
chose en dot avec estimation, aura, s'il est évincé,
l'action *ex empto* contre la femme ou contre celui qui
a constitué la dot. Mais sa position diffère de celle
d'un acheteur ordinaire, en ce qu'il ne doit obtenir
aucun bénéfice au détriment de sa femme. La vente
pour cause de dot exclut toute idée de spéculation.
Un acheteur ordinaire profitera de la différence exis-

(1) L. 12 § 1 de jure dot.
(2) L. 6 § 2 de jure dot. -- C. 6. au cod solut. matr.

tant entre le prix par lui payé et l'indemnité obtenue
par l'action *ex empto*. Actionné en restitution de la dot,
le mari devra rendre, non le montant de l'estimation,
mais l'intégralité de l'indemnité par lui reçue. A-t-il
obtenu le double du prix, parce qu'en fait, on a
suivi l'usage, adopté en matière de vente, de stipuler
le double du prix pour le cas d'éviction, il ne devra
pas s'approprier ce profit, et sera tenu de restituer tout
ce qu'il a reçu à l'occasion de la dot (1). Mais si le
mari ne doit pas s'enrichir, par une juste réciprocité,
il ne doit pas perdre. Ainsi, a-t-il été évincé du fond
estimé, par un créancier antérieur à la constitution de
dot la femme ne pourra lui réclamer la valeur de ce
fonds ; vainement alléguera-t-elle, qu'elle n'est pas l'héritière de son père, auteur de la constitution, et qu'elle
n'est pas tenue de l'éviction. Elle sera repoussée par
une exception de dol ; l'éviction ne peut être imputée
au mari : en réalité, il n'a rien reçu. La femme doit
subir les conséquences de la faute commise par son
père, en constituant un fonds hypothéqué (2).

Tels sont les effets ordinaires de l'estimation donnée
aux corps certains, constitués en dot, mais elle peut,
d'après l'intention des parties, engendrer d'autres
résultats. Elle peut avoir lieu *taxationis causâ* ; elle sert
alors à déterminer la somme dûe par le mari, si le
corps certain a péri en totalité par sa faute, ou l'indemnité proportionnelle exigible en cas de perte ou de
détérioration partielle imputable au mari. Cette estimation sert, en outre, à augmenter la responsabilité du

(3) L. 16 de jure. dot.
(2) L. 49. § 1 solut matr.

mari. Elle l'oblige á une surveillance plus active et met à sa charge des événements; dont il n'eut pas été responsable, si la chose lui avait été remise sans estimation. Il n'est plus libéré que par le cas de force majeure; cètte solution repose sur une interprétation très exacte de la volonté des parties. En effet, celui qui remet une chose à une autre personne, indique qu'il compte sur toute la diligence de celle-ci, en l'estimant en prévision du cas où la chose serait perdue ou détériorée par l'effet de sa négligence. Cette doctrine est nettement établie par Ulpien dans la L. 52 § 3 *pro socio*. Or la responsabilité du mari, quant aux choses dotales, est semblable à celle d'un associé quant aux choses de la société. Si donc l'estimation ne vaut pas vente, les cas fortuits sont supportés par la femme ; mais, si la perte arrive par la faute du mari, il doit la somme fixée et non la valeur de la chose au moment de la perte. En outre, il est responsable quant à la chose estimée, si un homme plus diligent que lui, eut évité cette perte (1).

Dans l'hypothèse où l'estimation ne vaut pas vente, le mari ne poura pas recourir par l'action *ex empto* contre le constituant. Mais si celui-ci lui a laissé méchamment ignorer le danger de l'éviction, le mari aura contre lui l'action de dol, ou une action in factum si la constitution émane de la femme ; leurs relations s'opposent à l'exercice d'une action infâmante (2). En outre, lorsque l'estimation a eu lieu *taxationis causâ* le mari gagne les fruits de la chose, mais non les produits, ni les accroissements , comme les enfants de la

(1) L. 69 § 7 de jure dot.
(2) C. 1 cod. de jure dot.

femme esclave dotale. L'estimation peut encore être intervenue dans un autre but. Les époux peuvent convenir, que si la chose estimée existe encore lors de la dissolution du mariage, le mari devra la restituer en nature et qu'en cas de perte, même fortuite, il paiera le montant de l'estimation primitive. Les risques des choses dotales sont pour le mari, en compensation il gagne les accessoires. Si l'esclave dotale ainsi estimée a mis au monde des enfants, ceux-ci resteront au mari (1).

Enfin l'estimation peut avoir pour effet d'imposer au mari débiteur une dette alternative de la chose ou du prix d'estimation. D'après les principes généraux, le choix appartiendra au mari débiteur. Si lors de la dissolution du mariage, la chose a péri par cas fortuit, la dette n'a plus pour objet que le montant de l'estimation ; si la chose est simplement détériorée, sans la faute du mari, celui-ci sera libéré en la restituant dans son état actuel. La perte totale étant pour le mari, il est équitable de lui accorder, non seulement les fruits perçus au temps du mariage, mais encore les accessoires des choses dotales, comme les enfants des femmes esclaves (2).

SECTION III

Du cas où la dot consiste en corps certains non estimés.

Dans l'hypothèse où le mari a reçu en dot, sans estimation, un corps certain, nous avons à examiner quelle

---

(1) L. 18 de jure dot. -- L. 50 et L. 66. § 3 solut. matr.
(2) L. 10 § 6 L. 11 de jure dot. -- § 144 de frag. Vati.

est l'étendue de son obligation relativement à la chose
elle-même, aux accroissements qui l'ont augmentée et
aux fruits qu'elle a produits.

ARTICLE PREMIER.

De la restitution des corps certains.

La chose, constituée en dot, doit être restituée en nature. La perte par cas fortuit, snrvenue pendant le mariage ou avant la mise en demeure, libère le mari. La
chose a-t-elle péri même depuis la mise en demeure,
il sera encore libéré, s'il prouve qu'elle aurait également
péri entre les mains de la femme, ou bien s'il avait, avant
la perte mis la femme en demeure de la recevoir (1). Si la
chose a péri par la faute ou le fait du mari, il est responsable envers la femme, de son dol, de la faute lourde et de
celle que les interprêtes ont appelée *culpa levis in concreto.*
Il doit apporter à la conservation des choses dotales les
soins, la diligence qu'il apporte à ses propres affaires ;
on n'exige pas de lui les soins d'un homme attentif et
soigneux ; il n'est pas tenu de la *culpa levis in abstracto.*
Le mari est avec juste raison assimilé à l'associé ; car,
s'il n'existe pas une véritable société entre les époux
et si les biens, apportés en dot, appartiennent exclusivement et en toute propriété au mari, néanmoins
le but du mariage est commun aux deux époux. Cette
communauté établit entre la position du mari et celle de
l'associé une analogie suffisante ; ils sont placés l'un et

(1) L. 25 § 1 et 2. L. 26. solut. matr.

l'autre sur la même ligne au point de vue de leur responsabilité (1).

Lorsque la perte, totale ou partielle, ne peut être imputée au mari, la femme ne peut redemander que ce
qui reste de la chose constituée en dot, ou ses accessoires. Si le mari n'a pu obtenir le remboursement de
la créance, qui lui avait été cédée contre un tiers, il sera
libéré en restituant à la femme l'action contre le débiteur (2). Le mari, qui ne supporte pas la perte fortuite
des choses corporelles constituées en dot, n'est pas responsable de la perte des créances, sauf le cas de faute.
Malgré la controverse existant entre les commentateurs
du droit romain (3), nous pensons que la délégation
d'un débiteur de la femme est toujours réputée faite aux
risques de cette dernière ; le mari se libère en restituant l'action contre le débiteur insolvable. La solution
est toute opposée dans les hypothèses suivantes : 1° le
mari n'a pas poursuivi le débiteur en temps utile : 2° il
a assumé sur lui les risques, en prenant la créance pour
son compte : 3° il a accepté la délégation, malgré l'état
de lui connu de l'insolvabilité du débiteur : 4° il a
fait crédit à ce dernier en acceptant des intérêts : 5° sans
consulter sa femme, il a fait novation ou acceptilation
avec la personne qui avait promis la dot (4).

Si un tiers a promis au mari une dot, dans l'intention
de faire une libéralité à la femme, et que le mari n'ait

---

(1) L. 18 solut. matr. -- L. 17 de jure dot.

(2 et 3) L. 14 et L. 49 solut. matr. -- Voir Pellat textes
sur la dot. p. 168 et s.

(4) L. 35, L. 41 § 3 L. 49. L. 73 de jure dot. -- L. 66 §
6 solut. matr.

pas rigoureusement poursuivi le constituant, pendant qu'il était encore en état de se libérer, il est excusable. Il ne pouvait poursuivre à outrance le bienfaiteur de la femme ; il sera donc libéré envers celle-ci, en lui cédant lors de la dissolution du mariage, l'action acquise contre le donateur. Dans l'hypothèse où la promesse de dot avait été faite par le père ou par la femme elle-même, le jurisconsulte Julien adoptait une opinion fort sévère et mettait l'insolvabilité du père, et peut-être même celle de la femme, à la charge du mari. Ulpien la réfuta. Comment, dit-il, le juge pourrait-il écouter d'une oreille favorable la femme, qui vient se plaindre de ce que son mari n'a point contraint son père, ou ne l'a pas forcée elle-même à exécuter sa promesse. Reproduisant l'opinion de Sabinus, le jurisconsulte ajoute que la dot promise par le père ou la femme elle-même, est aux risques de cette dernière, comme celle promise par un donateur (1) Le mari devra restituer à la femme la créance qu'il a contre elle, restitution qu'il opérera par acceptilation. Si la dot avait été promise par un débiteur de la femme, le mari peut être en faute de ne l'avoir pas exigée. Mais la femme, devenue héritière de ce débiteur, ne pourra reprocher cette faute au mari et le faire condamner à lui rendre une somme qu'elle aurait dû préalablement payer. Son action n'aboutira qu'à la faire libérer par acceptilation (2).

La mesure de la responsabilité du mari est la même pour les biens incorporels que pour les biens corporels. Il n'est pas tenu, quoique Hasse et Gluck aient prétendu

---

(1) L. 33 de jure dot.
(2) L. 41 § de de jure dot.

le contraire, à plus de diligence dans le recouvrement des créances dotales. Le mari n'agit pas alors, en qualité de mandataire de la femme, mais dans leur intérêt commun; aucune raison plausible ne permet d'étendre les limites de sa responsabilité.

Des questions délicates sont soulevées par la constitution en dot d'un usufruit. Le jurisconsulte Tryphoninus les avait étudiées dans son traité des disputes ; avec lui distinguons plusieurs hypothèses :

1er *cas.* La femme, ayant un usufruit sur le fonds de son mari, le lui a donné en dot. Par la *cessio in jure,* le mari ne devient pas usufruitier, mais la nue propriété transforme en pleine propriété. Il s'opère une consolidation. Le mari n'est pas exposé à perdre son droit par le non-usage ; il jouit du fonds, non comme usufruitier, mais comme propriétaire. Ces prémices posés, si le mariage se dissout par la mort de la femme, l'usufruit restera irrévocablement réuni à la propriété du mari. Comme tout propriétaire, il profite de l'extinction de l'usufruit. Le même avantage lui serait attribué, n'eut-il pas épousé cette femme. Il ne retient rien à titre de dot ; il ne peut donc être tenu de contribuer aux frais funéraires faits pour l'ensevelissement de la femme (1). Si le mariage se dissout par le divorce ou par la mort du mari, celui-ci ou ses héritiers, tenus de rendre la dot, ne pourront pas restituer l'usufruit qui s'est éteint, mais en constitueront un nouveau au profit de la femme par la *cessio in jure.*

Si le mari a reçu l'usufruit, non de la femme, mais du père de celle-ci, et que la fille soit morte pendant le mariage, le père, auquel doit revenir la dot profectice,

(2) L, 16 D de religiosis. liv. 11 t. 7.

demandera au mari de lui constituer sur son fonds un nouvel usufruit qui équivaudra à l'ancien, puisqu'il reposera sur la même tête (1)

2ᵉ *cas*. La femme a constitué en dot à son mari l'usufruit qu'elle a sur un fonds appartenant à un tiers. Elle ne peut pas transmettre le doit réel à son mari par une *in jure cessio* ; c'est un point constant que l'usufruit, cédé *in jure* par l'usufruitier, ne passe pas au cessionaire (2). La femme conservera sur sa tête l'usufruit, mais elle aura recours à un expédient. Elle vendra au mari l'exercice de son droit, ou le lui louera pour un prix insignifiant, ou bien encore lui en garantira la jouissance à l'aide d'une caution. Si le mariage se dissout par la mort de la femme, tout est terminé; prend-t-il fin par la mort du mari ou par le divorce, le mari ou ses héritiers restitueront à la femme l'exercice du droit d'usufruit, ou libéreront la caution.

3ᵉ *cas*. La femme, propriétaire d'un fonds, a constitué en dot à son mari, par une *in jure cessio*, l'usufruit de ce fonds. Le mari acquiert une véritable servitude personnelle, susceptible de s'éteindre par le non usage, s'il néglige de s'en servir pendant deux ans. Diverses hypothèses peuvent se présenter. 1° — Le mari à perdu l'usufruit par le non-usage. Le mariage se dissout-il par sa mort, la femme n'a rien à reclamer ; car le mari n'eut-il pas perdu le droit d'usufruit, celui-ci se serait toujours éteint par son décès· Si le mariage est dissous par le divorce, que pourra redemander la femme par l'action *rei uxoriœ* ? Tryphoninus répond qu'il faut user d'une distinction. Si,

(1) L. 78 pr. et § 1 de jure dot.
(2) Gaius. c. 2. § 30 -- L. 66 de jure dot.

lors de la perte de l'usufruit par le non-usage, la femme était encore propriétaire du fonds, l'usufruit lui est revenu ; la dot est anéantie. La femme ne peut pas reprocher à son mari d'avoir perdu l'usufruit par le non-usage, puisqu'elle a profité elle-même de cette perte. Si au contraire, la femme avait aliéné le fonds pendant le mariage, l'usufruit, perdu par le mari, est allé se réunir à la nue-propriété entre les mains du tiers acquéreur, sans aucun profit pour la femme. Elle demandera au mari, lors de la dissolution du mariage, la réparation du préjudice causé par sa négligence. Sa dot se composera de l'indemnité dûe par le mari. Si celui-ci avait conservé l'usufruit jusqu'au divorce, malgré l'impossibilité juridique de le céder à la femme, la restitution, qu'il serait tenu d'en faire, tournerait néanmoins au profit de cette dernière. Elle pourrait, ou obtenir un prix du nouveau propriétaire, pour l'usufruit qu'elle aurait contraint le mari à lui céder, ou se contenter de la reconnaissance inspirée par le bienfait de ce retour gratuit de l'usufruit.

2° Supposons que le mari a conservé l'usufruit ; si le mariage prend fin par sa mort, l'usufruit s'éteint. La femme n'a pas d'action contre les héritiers du mari, si ce n'est que pour la part à elle revenant dans les fruits déjà perçus pendant la dernière année. La femme meurt-elle pendant le mariage, le mari conserve l'usufruit ; car il gagne la dot. Mais il devra restituer l'usufruit si le mariage se dissout par le divorce. Comment s'opérera cette restitution ? Tryphoninus reproduit la distinction qu'il a déjà faite pour le cas précédent. La femme, restée propriétaire du fonds, peut exiger que le mari lui cède *in jure* l'usufruit qui viendra se réunir à la nue-propriété. Si elle n'est plus propriétaire, elle peut encore exiger que le mari abandonne, par la *cessio in jure*, l'usufruit à l'acquéreur de la nue-propriété ou à elle-même, si l'on pense, comme Pomponius, et contrairement à Gaius, que la *cessio in jure*, faite à un autre que le propriétaire, éteint l'usufruit au profit de ce dernier. La femme peut être intéressée à cette extinction de l'usufruit, pour divers motifs. 1° Elle a vendu le fonds, sans en déduire l'usufruit, et s'est ainsi obligée envers l'acheteur à lui procurer cet usufruit : 2° après avoir vendu la nue-propriété seulement, elle espère obtenir ou est déjà convenue avec l'acheteur, qu'il lui donnera le prix de cet usufruit, quand elle le lui fera parvenir : 3° en dehors de toute idée intéressée, elle veut s'attacher l'acquéreur de la nue-propriété par les liens de la reconnaissance, plutôt que de laisser ce droit d'usufruit à son mari, *devenu son ennemi par la répudiation*.

3° La femme a aliéné, pendant le mariage, au profit du mari, la nue-propriété du fonds, sur lequel elle lui avait constitué l'usufruit. Si le mariage est dissous par la mort du mari ou par celle de la femme, aucune difficulté ne s'élève. Comme dans l'hypothèse précédente, il n'y a pas lieu à restitution. Mais que décider dans le cas de divorce ? Tryphoninus distingue suivant, que le prix a été fixé d'après la valeur de la pleine propriété ou d'après celle de la nue-propriété. Si le fonds a été vendu au mari pour le prix de la pleine propriété, la femme aura, par la force même des choses, recouvré sa dot pendant le mariage ; que pourrait-elle réclamer ? Le prix n'a-t-il représenté que la valeur de la nue-propriété, la femme peut demander le prix de l'usufruit. Que le mari meure avant qu'il y ait eu *litis contestatio* sur l'action *rei uxoriæ*, ses héritiers ne seront plus tenus envers la femme ; car si l'usufruit n'avait pas déjà été rejoindre la nue-propriété, la mort du mari en aurait entraîné l'extinction (1).

4ᵉ *cas.* — Un tiers a constitué, sur son propre fonds, un usufruit au mari, pour tenir lieu de dot à la femme. Si le mariage cesse par la mort du mari, l'usufruit s'éteint, par la mort de la femme le mari reste usufruitier, car il gagne la dot. Que faut-il décider au cas de divorce ? Comment le mari rendra-t-il à sa femme la dot qui consiste en cet usufruit? La cession, faite par le mari, ne fait rien acquérir à la femme. L'usufruit va rejoindre la nue-propriété, d'après Pomponius, ou reste au mari, d'après Gaius (2). Il faut donc recourir à des expédients. Le mari conservera son droit d'usufruit, et le louera ou le vendra à sa femme pour une somme insignifiante, *nummo uno*, ou bien le mari, restant usufruitier, donnera caution de laisser, pendant sa vie, jouir la femme ou ses héritiers. Le mari pourrait encore faire cession de l'usufruit au nu-propriétaire, qui constituera un nouvel usufruit au profit de la femme ou lui en donnera l'équivalent (3).

En restituant la dot, le mari doit donner caution de n'avoir ni détérioré ni amoindri la valeur de la dot par sa faute ou par son dol (4).

---

(1) L. 78 § 2 et 3 de jure dot.
(2) Gaius com. 2 § 30.
(3) L. 66. de jnre dot. — L. 57 solut. matr.
(4) L. 25 § 1 solut. matr.

ARTICLE II.

*De la restitution des accroissements survenus aux
choses dotales.*

La restitution de la dot non estimée doit comprendre
non-seulement les choses constituées en dot, mais en
outre, les accroissements et les produits ne rentrant pas
dans la classe des fruits, et généralement tout ce qui
est advenu au mari à l'occasion de la dot. Ainsi le mari
devra restituer le fonds dotal accru de l'alluvion, la
la moitié du trésor attribué au propriétaire du sol, l'u-
sufruit qui s'est réuni à la nue-propriété, les enfants
nés des esclaves dotales, les legs et les hérédités laissés
à l'esclave dotal avant, pendant ou après le mariage,
sauf le cas où le testateur a déclaré faire l'esclave héritier ou légataire en contemplation du mari. Toute chose,
acquise à l'occasion des biens dotaux, et qui ne peut
pas être considérée comme fruit destiné à faire face aux
charges du mariage, est réputée dotale et sera comprise
dans l'action *rei uxoriæ*. Ce principe est posé par Paul et
appliqué par Julien au cas même où l'acquisition se réalise pour le mari *ante nuptias vel post divortium*.

Cette doctrine, si nette et si simple, a paru néanmoins
pleine de difficultés à la plupart des interprètes du droit
romain. Nous n'examinerons pas en détail leurs opinions
diverses ; un rapide résumé suffira. Sans doute, lorsque
l'acquisition se réalise après le divorce, on peut être
étonné de voir la dot s'accroître. Mais la décision de
Julien s'explique par l'intérêt qu'a la femme à n'être
pas réduite à une *condictio sine causa*, et à pouvoir appli-

quer son action *rei uxoriæ* à l'objet acquis après le divorce par l'esclave dotal. Cujas suppose que le testateur instituant l'esclave ou lui faisant un legs, a agi *contemplatione mariti*. Cette interprétation est inadmissible et contraire à la présomption indiquée par Pomponius dans la loi 65 *de jure dotium*. Si le legs avait été fait *contemplatione mariti*, pour quelle raison le mari serait-il tenu de restituer le bénéfice de l'acquisition accomplie après le divorce, tandis qu'opérée pendant le mariage il la conserverait ? L'esclave dotal ne cesse pas d'appartenir au mari, par cela seul que le mariage est dissous. Les acquisitions de cet esclave devraient donc encore profiter au mari, avec la supposition admise par Cujas. M. Pellat pensait que Julien accordait au mari, outre les fruits des choses dotales, le bénéfice des acquisitions faites à l'occasion de ces choses, comme le part des esclaves, les legs ou les successions laissés à l'esclave dotal. Cette interprétation a le double tort de faire considérer Julien comme professant une doctrine contraire à celle des autres jurisconsultes et de le mettre en contradiction avec lui-même, car il adopte la doctrine commune dans la loi 45 § 1 de *acq. vel omit hereditate*. Nous préférons dire, avec M. Demangeat, que toute chose acquise à l'occasion de la dot, autre que des fruits, est dotale et restituable à la femme (1). Quant aux acquisitions faites par l'esclave *ex operis suis, vel ex contemplatione mariti,* elles appartenaient au mari (2).

_____

(1) Demangeat de fundò dotali p. 179 et s. -- Pellat textes sur la dot. p. 220 et s.

(2) L. 4. L. 10 § 1 et 2. L. 47. L. 52. L. 65. L. 69 § 9 de jure dot. -- L. 3 de fundo dot. -- L. 7 § 12. L. L. 31 § 4 L. 61 solut. matr.

Le mari, ayant reçu en dot la moitié indivise d'un fonds, est, en vertu d'une *adjudicatio*, investi de la propriété entière de ce même fonds ; julien et Tryphoninus ne reconnaissaient comme dotale que la part apportée en dot. Néanmoins pour éviter une nouvelle indivision après le divorce, il parut équitable de comprendre dans l'action *rei uxoriæ* l'immeuble tout entier. La femme remboursera, comme prix de vente, au mari le montant de la condamnation prononcée au profit des copropriétaires et acquittée par le mari ; celui-ci pouvait exiger que la femme retirât l'immeuble tout entier. La même solution doit-elle être donnée, si l'adjudication, au lieu d'être provoquée par le tiers copropriétaire, l'a été par le mari ? Nous répondons affirmativement, dans le cas où le mari a intenté l'action en partage avec le consentement de la femme. Mais dans l'hypothèse où le mari a agi seul, il ne pourra pas exiger que la femme retire le fonds tout entier ou le perde en entier, parce qu'elle est hors d'état de lui rembourser le prix de la part acquise, alors que la femme préfère s'en tenir à la part constituée en dot. Le fonds peut avoir été adjugé à l'autre copropriétaire ou vendu à un étranger, parce qu'aucun des copropriétaires n'a voulu ou pu fournir une soulte suffisante. Dans ce cas, le mari, ayant cessé sans sa faute, d'avoir la partie indivise, reçue en dot, devra restituer a la dissolution du mariage, la somme à laquelle le copropriétaire adjudicataire a été condamné, ou la moitié du prix payé par l'acquéreur étranger (1).

Parmi les produits qui doivent être restitués à la

---

(1) L. 78 § 4 de jure dot. -- Demangeat de fu̇de dot. p. 197 et s.

femme, Alfénus nous indique les arbres qui ont été
arrachés du fonds dotal. Ils ne sauraient être considérés comme des fruits. La destination du fonds n'est
pas de fournir périodiquement des produits de ce
genre. Si le mari a coupé des bois taillis ou émondé
certains arbres, ces valeurs devant être considérées
comme des fruits du fonds, le mari les gagnera intégralement ou pour partie. Il devra restituer à la femme la
valeur des arbres, arrachés par la violence du vent
et la partie du trésor trouvé dans le fonds de la femme
et à laquelle il n'a pas droit à titre d'inventeur (1).

Lorsque dans le fonds dotal, remis au mari, existait une carrière déjà ouverte, lors de la constitution
de la dot, le mari a le droit de continuer l'exploitation. Il gagnera les produits qui sont considérés comme des fruits. Les blocs de marbre ou de
pierre, extraits d'une carrière ouverte pendant le mariage, sont aussi attribués au mari, sans qu'il doive
en restituer la valeur à sa femme. Les jurisconsultes romains ne considéraient pas, comme des portions
de la chose dotale, les produits d'une carrière, même
ouverte par le mari. Mais une indemnité, basée sur
la diminution de la valeur subie par le fonds
dotal par suite de la mise en exploitation de la
carrière, sera dûe à la femme. Celle-ci devra au
contraire indemniser le mari des frais faits pour l'ouverture de la carrière, si cet acte a créé pour la
femme une source durable de riches produits. Ce résultat se produit notamment à l'égard de ces carrières
dans lesquelles, dit Javolenus, le marbre peut se repro-

(2) L. 7 § 12 solut. matr. -- L. 8 de fundo dot.

duire. En effet, les anciens admettaient que, dans certaines carrières, les vides faits par le travail des ouvriers se comblaient par la force réparatrice de la nature. Dans leur opinion, ces carrières donnaient indéfiniment des produits périodiques, comme la terre cultivée donne chaque année, sans s'épuiser, des récoltes nouvelles. Sur l'autorité de Papirius Fabianus, *Naturæ rerum peritissimus*, Pline affirme qu'il existe de semblables carrières en Italie. Ulpien prétend au contraire que ces carrières merveilleuses se trouvent en Gaule et en Asie. Ce phénomène peut se produire pour les agglomérations calcaires, résultant du dépôt de certaines eaux. Buffon admet que les marbres, comme les albâtres, peuvent se reformer, dans les endroits d'où on les a tirés, par l'effet de la stillation des eaux. Mais Buffon était un naturaliste un peu crédule et nous attendrons, pour partager l'opinion de Pline et d'Ulpien, le témoignage d'autorités plus indiscutables (1).

ARTICLE III.

De la restitution des fruits.

Légalement destinés à pourvoir aux charges du ménage, les fruits perçus pendant la durée du mariage appartiennent au mari ; ils ne sont donc pas compris dans la restitution de la dot à la dissolution du mariage. Au contraire les fruits perçus avant le mariage ne sont point attribués au mari comme un revenu des-

(1) L. 18 de fundo dot. -- L. 7 § 13 solut. matr, -- Buffon tom. 3 p. 151 et suiv.

iné à faire face aux charges du ménage. Ils ne doivent
pas constituer un pur bénéfice, et seront capitalisés
pour être restitués avec la dot ainsi augmentée (1).
Obligé de restituer les fruits produits par le fonds, avant
qu'il ne fut devenu dotal, le mari doit même restituer
les fruits, produit depuis la dissolution du mariage. Il
ne peut retenir sur les fruits, perçus pendant la dernière
année du mariage, qu'une part proportionnelle à la
durée de l'union pendant cette année. Le point de dé-
part sera l'anniversaire du mariage, si le fonds frugi-
fère a été livré au mari avant les justes noces, ou l'anniversaire du jour de la livraison, si la tradition n'a été
faite que quelques jours après le mariage. Ainsi si le
mariage a eu lieu le 1er juillet, a duré dix ans et trois
mois et a été par conséquent dissous le 1er octobre, le
mari ne devra pas restituer les dix premières récoltes :
mais sur la onzième, faite pendant les derniers mois du
mariage, il ne pourra en retenir que le quart.

Tous les fruits, ne sont pas annuels ; quelques uns
ne se produisent qu'à des époques périodiques plus
éloignées, comme pour les bois taillis. Dans ce cas, on
calculera, pour savoir ce qui doit rester au mari, sur
la période naturelle d'une reproduction des fruits.
Ainsi le mariage n'a-t-il duré que six mois et le fonds
dotal est-il un bois mis en coupe décennale, le mari
ne pourra retenir que la vingtième partie. Si, à l'inverse, le fonds dotal produit plusieurs récoltes par an,
comme les prairies arrosées, ces récoltes ne représentant
qu'une seule année, le mari retiendra une part pro-

---

(1) L. 7 § 1 L. 47 de jure dot. — L. 6. solut. matr. — L.
38 § 12 de usuris, — L. 28 de pactis dot.

portionnelle à la durée du mariage, pendant cette
dernière année (1).

Cette solution avait été généralement acceptée par
les commentateurs du droit romain, sinon quant au
mode de calcul, du moins quand au principe lui-même.
Mais deux jurisconsultes allemands Francke et Unterholzner (2) se sont formellement prononcés contre
cette manière de voir. Ils ont soutenu qu'on devait
seulement tenir compte des récoltes, réellement effectuées pendant l'année de la dissolution. Ainsi, si nous
supposons un mariage commencé le 1re juillet et dissous
le 31 décembre 1870, un vignoble constitué en dot et
récolté le 1er novembre ; d'après l'opinion commune, on
doit, dans le compte des fruits, tenir compte, non seulement de la récolte de 70 que le mari a réellement
faite, mais aussi de la récolte future de 71, puisque le
mariage a duré quatre mois pendant la première période fructuaire et deux mois pendant la seconde. Au
contraire, d'après l'opinion de Francke, la récolte de
70 doit seule être prise en considération et le mari en
recevra la moitié, puisque le mariage a duré une demie
année. Le jurisconsulte allemand repousse l'opinion
dominante, parce qu'elle rend impossible, lors de la
dissolution du mariage, le règlement immédiat et la
liquidation du compte des époux. Mais cette objection
est sans valeur, car on peut pourvoir à la difficuté
par la dation de caution. En outre, le système de
Francke produit des iniquités regrettables, tantôt pour

(1) L. 5 § 6 et 7 solut. matr.
(2) Franke -- civil. archiv. p. 294. -- Unterholzner p. 458
note K.

la femme, tantôt pour le mari, dans le cas de récoltes inégales. Supposons, par exemple, que le mariage a commencé le 1er septembre et que la vendange opérée fin septembre ait rapporté 20 ; le mariage dure ensuite jusqu'au 1er septembre de l'année suivante et la vendange faite après la dissolution rapporte 48. D'après Francke, le mari devra se contenter de 20, tandis que si le mariage avait commencé au 1er octobre et duré onze mois seulement, le mari aura droit au onze douzièmes, c'est-à-dire, à 44. La théorie de Francke est entièrement contraire au principe posé par Papinien et Ulpien dans la loi 7 § 1 solut.. matr..

Mais si la majorité des commentateurs admettent que, dans le partage des fruits de la dot, doivent entrer les deux périodes de fruits, sur lesquelles chevauche en quelque sorte la dernière année du mariage, ils sont loin de s'accorder sur le mode d'établissement du compte. Ce point est depuis longtemps l'objet d'une vive controverse. La source de ces discussions se trouve dans la célèbre décision qu'Ulpien a empruntée au livre XI des questions de Papinien et qui forme la l 7 §1 solut martr. Parmi les diverses explications des jurisconsultes anciens et modernes, aucune n'est à l'abri de sérieuses objections. Nous ne pouvons examiner ces diverses opinions sans dépasser les limites normales de ce travail ; nous nous contenterons d'indiquer les principales.

Rappelons d'abord l'hypothèse prévue par Papinien. Un mariage est conclu le 1er octobre et le mari a reçu un vignoble en dot ; il a récolté la vendange, puis affermé le vignoble le 1er novembre et le mariage se dissout le dernier jour de janvier, après avoir duré quatre mois, dont l'un dans la première et les trois autres dans la dernière période de fruits, quelle part, soit des fruits, soit du prix du bail, le mari pourra-t-il retenir lors de la dissolution du mariage? Papinien répond : *vindemiæ fructus et quarta portio mercedis instantis ann confundi debebunt, ut ex eâ pecuniâ tertia portio viro relinquatur.* Cette réponse parait simple et facile à première vue et le calcul indiqué par Papinien ne parait présenter de difficultés. Mais on a remarqué qu'en additionnant la valeur de la vendange, représentant les fruits de la période antérieure au 1er novembre, avec le quart du prix du bail, pour donner au mari le tiers du total ainsi trouvé, on lui attribuait le tiers de revenus, non de douze, mais de quinze mois. Or d'après les principes généraux, le calcul doit se faire au prorata du temps qu'a duré le mariage pendant l'année, sur quatre mois et non sur cinq. Dont, a-t-on dit, on ne peut prendre à la lettre le texte de Papinien; une interprétation est nécessaire.

Alciat avait proposé l'explication suivante : donner au mari le quart du prix du bail et en outre un douzième de ce même prix, comme équivalent de ce qui lui est dû sur la vendange, c'est-à-dire le tiers du prix de ferme. Le prix du bail étant, par exemple, représenté par 24 et celui de la vendange par 36, la part du mari serait équivalente à 8. Cette interprétation nous paraît entièrement arbitraire et contraire au texte de Papinien. On opère sur une seule catégorie de revenus, tandis que le jurisconsulte veut fusionner les fruits naturels, la vendange, avec une partie des fruits civils produits par le bail.

Duaren et Doneau ont proposé une autre explication

du texte de Papinien. Elle est adoptée par un grand nombre de jurisconsultes allemands et notamment par MM. Rudorff, Sintenis, Arnold, Bocking, Vangerow, etc. (1). Voici en résumé l'exposition du système de ces jurisconsultes. La valeur de la vendange étant représentée par 36, le prix du bail par 24, il est dû au mari, le quart du prix du bail, plus un douzième de la vendange, au total 9. Le mariage ayant duré quatre mois, le mari a droit au tiers des fruits de toute l'année : cette *tertia fructuum portio* doit se prendre tant sur les fruits naturels, la vendange, que sur les fruits civils. A ce tiers appartient avant tout la portion du fermage afférent au trois derniers mois, ou un quart du fermage total. Pour achever de former le tiers qui revient au mari, il manque un douzième, le mari doit le rendre sur la vendange. En résumé, le tiers, revenant au mari, sera formé d'un quart du fermage, produit de trois mois et d'un douzième de la vendange, produit d'un mois. Les jurisconsultes qui adoptent cette opinion ne s'attachent pas à la lettre du texte de Papinien. D'après eux, quand le préfet du prétoire parle des *vindemiœ fructus*, il veut indiquer le douzième des fruits de la vigne ; quand il ajoute que cette partie de la vendange et le quart du prix du bail *confundi debebunt*, cela signifierait, non pas que ces deux portions de revenus différents devront être additionnés et que le mari recevra le tiers du total trouvé, mais qu'avec ces deux éléments, combinés, le quart du prix du bail et le douzième de la vendange, on formera la *tertia portio fructuum novissimi anni* dûe au mari. Cette explication peut être fort équi-

(1) Vangerov v. Pandekten t. 1er p. 220.

table, mais elle nous paraît difficilement conciliable
avec le texte de Papinien.

Gluck et Schrader cherchent à établir un produit
moyen. Ils additionnent la valeur de la récolte et le
quart du prix du bail, et répartissent ensuite ce produit
sur les quinze mois des deux périodes de fruits et calculent ainsi la quantité qui revient aux quatre mois du
mariage. Mais cette opinion se heurte aux termes employés par le jurisconsulte. Ce n'est pas le tiers du total
trouvé que Schrader accorde mais beaucoup moins. En
effet la vendange étant égale à 36 et le prix du bail
24, d'après Papinien le mari recevrait le tiers de 36
plus 6, égale 42, soit 14, tandis que Schrader ne lui
accorde que 11,20. Cette opinion doit donc être rejetée.

Pour nous, nous prendrons à la lettre les indications
de Papinien et nous ne sommes pas touchés de cette
prétendue objection, qu'on attribue ainsi au mari le
tiers de quinze et non de douze mois. Papinien nous
paraît guidé par les deux idées suivantes. De même
que les fruits, perçus par la femme avant le mariage,
n'entrent pas en contribution (1), de même la vendange
ne peut être attribuée au temps antérieur au mariage.
Les fruits civils ne sont acquis qu'au prorata du temps
qu'a duré le bail pendant le mariage. C'est sur ce total
que le tiers doit être attribué au mari : le texte est fort
clair. Il faut réellement additionner la valeur totale et
effective de la vendange entière, 36, avec le quart du
prix du bail, 6, soit 42, et donner le tiers du total, 14,

(1) L. 7 § 4 solut. matr.

au mari. C'est la solution donnée par Cujas, Hasse, Kübel, Puchta et Francke parmi les modernes (1).

Mais cette opinion ne se trouve-t-elle pas en contradiction avec celle émise par Ulpien dans la suite de la
loi ? Si le mari doit retenir, sur le prix du bail passé
un mois avant le divorce, non le douzième, mais une
part proportionnelle au temps qu'a duré le mariage, si-
l'on doit réunir le prix de la moisson effectuée avec la
valeur de la vendange future, pourquoi, dans l'hypothèse de Papinien, ne pas réunir le prix total du bail à
la valeur de la vendange, 24 plus 36 égale 60, et donner au mari le tiers du total, 20 ? Cette manière de cal-
culer eût été plus conforme aux principes.

SECTION IV

Des retenues opérées sur la dot.

La dot n'est pas toujours restituée dans son intégrité ;
poursuivi par l'action *rei uxoriæ*, le mari peut, dans
certains cas, en retenir une partie. Ces rétentions sont
admises pour six causes diverses.

1° Lorsque le divorce est arrivé par la faute de la
femme, ou du père à la puissance duquel elle est soumise. Le mari, sur qui continue de peser l'éducation et
l'entretien des enfants, conserve une partie de la dot ;
car, sans le fait de la femme ou du beau-père, elle

---

(1) Cujas -- *in Pauli sent.* II . 23. -- *Quæst. Papiniani* --
Hasse *comm. de variis sententiis.* Bonn 1827. -- Kübel *de
dote.* -- Puchta. *Vorles ungen* §. 421. -- Francke *arch. civ* p.
279 et p. 303.

remplirait encore cette destination. Cette rétention est d'un sixième par chaque enfant, sans qu'elle puisse dépasser la moitié de la dot, quelque soit le nombre des enfants. Elle est admise dans un double but : indemniser le mari des charges que lui laisse le divorce ; punir la femme, par la faute de laquelle le mariage a été dissous. On ne se propose pas seulement d'indemniser le mari ; car la rétention ne lui est accordée que s'il y a eu faute de la part de la femme. Punir la femme n'est pas l'unique objet de cette retenue ; car la femme ne perdra aucune partie de sa dot, malgré sa faute, si le mari ne doit supporter aucune charge. Quand le divorce a lieu par la faute du mari ou sans la faute de la femme, la rétention *propter liberos* ne s'opère pas. Le mari s'est rendu indigne de recevoir une indemnité, la femme n'a mérité aucune peine. Mais si la retenue *propter liberos* n'a lieu de droit que dans le seul cas où le divorce est arrivé par la faute de la femme, on peut néanmoins convenir qu'elle s'opèrera dans tout autre hypothèse (1). La quotité de la retenue peut aussi être augmentée pour un nombre donné d'enfants, et peut même être égale à la dot tout entière. La femme est en faute, lorsqu'elle a amené, par sa conduite, la nécessité du divorce, ou lorsqu'elle a envoyé, sans motif suffisant, la répudiation à son mari.

2° L'existence d'enfants autorise encore le mari à retenir une partie de la dot profectice, quand le mariage se dissout par la mort de la femme. Un cinquième lui est accordé par enfant. Il garde toute la dot, s'il y a cinq enfants ou un plus grand nombre.

(1) Fragm. Vat. § 106, 107, 112.

3° La mauvaise conduite de la femme donne encore lieu à une retenue sur la dot au profit du mari ; d'un sixième si l'écart contre les mœurs est grave : d'un huitième, si la faute est légère. Mais la retenue *propter mores* ne pourra pas être opérée par le mari, s'il a, par exemple, favorisé la débauche de sa femme, ou si des torts réciproques motivent une semblable accusation de la part de chaque époux. Le mari sera considéré comme ayant fait remise à sa femme de la retenue, s'il s'est de nouveau fiancé avec elle après le divorce (1).

Si le mari a restitué la dot sans songer à en diminuer le montant pour l'inconduite de la femme, il lui est donné une action spéciale, l'action *de moribus*, par laquelle il obtiendra le montant de la retenue.

4° Le mari peut encore exercer des retenues, à raison des dépenses ; par lui faites sur les biens dotaux. Ulpien distingue trois espèces de dépenses ; les nécessaires, les utiles, les voluptuaires. Les dépenses nécessaires sont celles qui ont été faites dans le but de conserver la chose, celles sans lesquelles l'objet eut péri. A l'égard de ces dépenses, plusieurs textes nous disent qu'elles diminuent la dot *ipso jure* Mais ces mots ne doivent pas s'entendre dans un sens absolu, D'après Pomponius, Paul et Ulpien, les distinctions suivantes doivent être faites. Si le mari a reçu des corps certains et déterminés, la dépense nécessaire ne fait perdre au fonds, ni pour partie, ni pour le tout, son caractère de dotalité ; mais il pourra seulement, jusqu'au remboursement de cette dépense, retenir comme gage le fonds dotal. A-t-il

(1) L. 38, 39, 47 solut. matr.

négligé d'exercer son droit de rétention et restitué la dot
tout entière, Marcellus et Ulpien veulent lui accorder
une *condictio*. Si la dot comprend une somme d'argent et
un corps certain non estimé, la dépense nécessaire, faite
sur le corps certain, diminuera de plein droit la somme
d'argent apportée en dot. Le mari ne restituera cette
somme que déduction faite du montant de la dépense
nécessaire.

Le corps certain devra être rendu intégralement. Ne
peuvent produire un semblable effet que les dépenses
qui ont été faites sur la dot elle-même et qui ont eu directement pour objet la conservation de la chose dotale.
Les dépenses d'entretien, quoique nécessaires, doivent
être acquittées définitivement par le mari, car, il doit
les prélever sur les fruits (1).

Les dépenses utiles sont celles qui ont servi à améliorer la chose ; elles en ont augmenté la valeur productive. Faites avec le consentement de la femme, elles en-
gendreront une retenue : sinon, le mari ne pourra les
imputer sur la dot, que si le remboursement n'en est
pas trop onéreux pour la femme. Mais dans tous les cas,
le droit de rétention est la seule voie ouverte au mari ;
on hésitait, en effet, à admettre, en faveur du mari
une action de mandat ou de gestion d'affaires. Quant
aux dépenses voluptuaires, ne servant ni à la conservation, ni à l'amélioration, mais simplement à augmenter
l'agrément, elles ne donnent lieu à aucune retenue, ni à

---

(1) L. 5 et L. 15 de impensis. — L. 4 § 5 de peculio. —
L. 56 § 3 de jure dot. — L. 7 § 16 solut. matr. — L. 1 §
4 de dote prælegata.

aucune action, quand même elles auraient été accomplies du consentement de la femme (1).

5° Une autre cause de rétention se trouve dans les donations que le mari aurait faites à sa femme pendant le mariage, les donations entre époux étant interdites. Nous avons déjà rappelé la législation romaine sur ce point et les causes qui avaient fait introduire cette prohibition. Mais depuis un sénatus-consulte rendu sur la proposition des empereurs Septime Sévère et Antonin Caracalla, la donation était confirmée, si le donateur mourait le premier, sans avoir manifesté l'intention de la révoquer. Par conséquent la donation à cause de mort était permise entre époux (2). En outre les donations entre époux ne sont interdites que si elles engendrent le double résultat d'appauvrir l'époux donateur et d'enrichir l'époux donataire ; donc si un époux donne à l'autre un esclave pour l'affranchir, ou si une femme donne à son mari une valeur pour lui faciliter l'accès aux honneurs, la donation sera valable. Le donataire, ne s'enrichit pas, car l'esclave affranchi cesse de compter dans sa fortune. La valeur sera dépensée par le donataire, sans que son patrimoine se trouve augmenté (3). La donation pour cause de divorce est encore exceptée de la prohibition; elle se réfère à une époque où le mariage aura cessé d'exister. Pourquoi refuser à un époux la faculté de témoigner son amitié ou d'assurer les moyens d'existence

(1) Ulpien Rég. tit. 6 § 14 à 17. — L. 9 et L. 11 de impensis liv. 25 t. 1.

(2) Ulpien Régl. tit. 7 § 1. -- L. 3 § 10 de don. int. liv. 24 t.1

(3) Paul. Sentences 2, 23. § 2.

à l'époux dont il se sépare. Hors ces cas exceptionnels, le mari peut retenir sur la dot la valeur des choses par lui données.

6° La dernière cause de rétention se trouve dans la soustraction, commise par un époux au préjudice de son conjoint, en vue du divorce. Les jurisconsultes ne voulurent pas faire produire, à cette soustraction, l'action *fiurti,* à cause de la relation qui unit les époux. Ils établirent une action en indemnité, l'action *rerum amotarum* et en outre la faculté pour le mari de retenir sur la dot le montant des soustractions commises par sa femme (1)

Ces diverses retenues furent autorisées jusqu'à Justinien. Cet empereur opère une réforme radicale en cette matière ; il veut couper court à cette profusion de retenues, *taceat incea retentionum verbositas .* Pourquoi, dit-il, la retenue *ob mores,* puisque les atteintes aux mœurs sont punies d'une autre manière par les constitutions impériales (2). Plus de rétention *ob res donnatas,* puisque le donateur peut intenter contre le donataire ou la *condictio,* ou l'action en revendication. La retenue *ob res amotas* n'est pas nécessaire, ajoute l'empereur, car l'action *rerum amotarum* appartient à tous les maris. La rétention *ob liberos* n'a plus de raison d'être, alors que la voix de la nature exhorte les parents à élever et à nourrir leurs enfants. Sous prétexte de simplifier la législation, cet empereur ne s'aperçoit pas qu'il enlève au mari des garanties efficaces, créées par ces esprits pratiques, qui furent les grands jurisconsultes de l'épo-

(1) Ulpien Reg. t. 6 § 9 et t. 7 § 2.
(2) C. 11 § 1 et 2 de repudiis liv. C. tit. 17.

que classique. Le droit à une action ne leur paraissait pas, avec juste raison, offrir les mêmes avantages que le droit de rétention. Justinien n'a pas saisi cet intérêt et n'a pas compris que simplifier est souvent l'équivalent de détruire. Pourquoi nous en étonnerions nous? Ne savons-nous pas par bien d'autres exemples que cet empereur, sous prétexte de simplification, a souvent édicté des mesures contraires aux intérêts de ses protégés. La notion du crédit lui était à peu-près étrangère, comme le prouvent ses décisions relatives au créancier gagiste et à l'hypothèque privilégiée de la femme mariée.

Mais a-t-il conservé le droit de rétention basée sur les dépenses faites par le mari? S'agit-il des dépenses nécessaires, il admet qu'elles diminuent la dot de plein droit, et accorde au mari un droit de rétention (1).

Pour les dépenses utiles, elles ne donneront jamais au mari le droit d'opérer une retenue sur la dot. Il aura contre la femme soit une *actio mandati*, soit l'action *negotiorum gestorum*, suivant que les dépenses auront été, ou non, faites avec le consentement de la femme. Les dépenses voluptuaires, faites avec ou contre la volonté de la femme, restent toujours pour le compte du mari. Il ne jouira d'aucun droit de rétention, mais il pourra enlever l'ouvrage accompli, pourvu que cet enlèvement ne détériore pas l'objet dotal (2).

---

(1) § 37 instit. de actionibus.
(2) C. 1ᵉ cod. § 5 de rei ux. act.

CHAPITRE VI.

Des garanties données à la femme pour la restitution de sa dot.

L'inaliénabilité du fonds dotal, créée par Auguste, offre à la femme un moyen d'assurer la conservation d'une partie de sa dot, d'empêcher les immeubles dotaux de sortir du patrimoine de son mari : garantie d'autant plus puissante, qu'elle a pour but, non de réparer la ruine, mais de la prévenir. Nous n'étudierons ni la portée, ni l'étendue de cette prohibition. Nous devons plus spécialement nous occuper de ces mesures de protection plus générales, qui consistent dans les actions accordées à la femme et applicables à toute espèce de dots.

Dans le droit classique, la femme a deux actions pour obtenir la restitution de sa dot ; l'une, l'action *rei uxoriæ* lui est accordée en dehors de toute convention ; l'autre, l'action *ex stipulatu*, garantie empruntée au droit commun, n'existe qu'à la suite d'une stipulation formelle et procure un secours plus énergique que la première. Comparons rapidement ces deux actions.

1° L'action *rei uxoriæ* est non seulement une action de bonne foi, mais elle est encore *in bonum et aequum concepta*. Le préteur ordonne au juge de rechercher *quidquid aequius melius*, et ce dernier a une latitude de pouvoirs encore plus étendue que dans les actions de bonne foi ordinaires. Ainsi, notamment il doit empêcher qu'une partie n'obtienne aux dépens de l'autre, par l'imprévoyance de celle-ci, un profit qui ne serait pas absolument interdit dans d'autres situations. La chose donnée en dot a été estimée et la femme a été lésée par une estimation trop faible, ou le mari par une estimation trop forte, le juge viendra au secours de la partie lésée (1) majeure ou mineure. Dans une vente ordinaire, le vendeur seul, s'il éprouvait une lésion considérable, pourrait en obtenir la réparation. L'action *ex stipulatu* est une action *stricti juris ; l'intentio* en est calquée sur les termes de la stipulation, et le juge est renfermé dans les limites de la formule.

2° Introduite dans le but de favoriser les nouvelles unions, *cum dotatas esse feminas ad sobolem procreandam. replendam-que liberis civitatem maxime sit necessarium* (2), l'action *rei uxoriæ* doit être personnelle à la femme. Elle ne se transmet aux héritiers, que si la femme a survécu à la dissolution du mariage, et a mis son mari ou les héritiers de ce dernier en demeure de restituer. Au contraire, l'action *ex stipulatu*, comme toute action née d'un contrat, est transmissible aux héritiers de la femme. Comme tout créancier, elle a stipulé pour elle et eux. Que la femme meure pendant le mariage, ou que divorcée elle décède sans avoir mis son mari en demeure, l'action *ex stipulatu* peut être exercée par ses héritiers.

3° Si la femme était *alieni juris*, lorsqu'elle a stipulé que sa dot lui serait rendue, l'action née de cette stipu-

(1) L. 2 § 2 de jure dot.
(2) L. 1• solut. mat.

lation a été acquise au *paterfamilias* sous la puissance duquel elle se trouvait placée. Etait-t-elle devenue *alieni juris*, lors de la dissolution du mariage, le père pouvait exercer, sans le concours ou la volonté de sa fille l'action *ex stipulatu*. Au contraire, la faveur de la dot fait apporter au principe de la puissance paternelle une dérogation unique, en vertu de laquelle le père ne peut intenter l'action *rei uxoriæ* qu'avec le consentement de sa fille. Nous avons déjà examiné à quel moment et en quelle forme ce consentement devait être donné.

4° Avant d'avoir exercé l'action *rei uxoriæ*, le père émancipe-t-il sa fille, l'action appartiendra désormais à elle seule. Car, comme l'a dit Doneau, l'action elle-même appartenant à la fille, le père en avait seulement l'exercice. En émancipant sa fille, il a perdu tout intérêt à voir la dot lui faire retour, puisque désormais a cessé pour lui l'obligation de doter son enfant.

L'action appartient si bien à la fille, qu'elle peut poursuivre son père lui-même, s'il est devenu héritier du mari (1). Si, à la mort du père, il y a déjà eu *litis contestatio* et jugement rendu, l'action *judicati* passera encore à la fille. Celle-ci fut-elle exhérédée, l'action lui appartiendra encore au lieu dêtre transmise aux héritiers du père.

Au contraire, l'action *ex stipulatu* acquise au père par la femme *alieni juris*, appartenait, après la dissolution du mariage, aux héritiers du père de famille, et non à la fille exhérédée ou émancipée.

5° Quand le mari subit une *capitis deminutio*, l'obligation, dont il est tenu *ex stipulatu*, s'éteint *jure civili*;

_____

(1) **L. 44** solut. matr.

tandis que malgré ce changements d'état, l'action *rei uxo-riæ* reste constamment attachée à la personne du mari. On n'a jamais besoin de recourir à la restitution en entier afin d'obtenir une action utile avec *formula fictitia,* comme cela serait nécessaire pour toute autre dette. Il y a plus, la *media capitis deminutio* qui résulte de la déporta-tion ne fait pas même perdre à la femme l'exercice de l'action *rei uxoriæ* pour l'avenir (1).

6° Poursuivi par l'action *rei uxoriæ,* le mari jouit du bénéfice de compétence, pourvu qu'il n'ait pas diminué dolosivement ses biens pour nuire à sa femme. Ce bénéfice ne lui est pas accordé, lorsque l'action *ex stipulatu* est intentée contre lui.

7° Le mari actionné par la *rei uxoriæ actio* pouvait opérer certaines retenues pour des causes déjà exa-minées : l'action *ex stipulatu* n'admet aucune espèce de rétention. Comment le mari pourra-t-il alors re-couvrer ce qui lui est dû ? La rétention *ob liberos* disparaît complètement : car le mari n'a pas d'ac-tion pour obtenir les sixièmes qui lui sont dûs, il ne peut que les retenir ; pour atteinte aux mœurs ou pour les choses perdues, le mari aura, au lieu de la rétention, l'action *de moribus* ou l'action *rerum amotarum.* Quant aux choses données, il aura, si elles ont été consommées une *condictio sine causa,* ou même l'action de la loi Aquilia, si elles ont été détruites par dol, surtout depuis le divorce. Si les choses données existent encore, on lui accorde une action *in rem.* Quant aux impenses, par application du prin-cipe que les nécessaires diminuent la dot de plein

(1) L. 8. de capite minutis.

droit, le mari qui aura restitué la dot toute entière, sans retenir la somme dépensée, aura une *condictio indebiti*. Pour les dépenses utiles, les jurisconsultes hésitaient à donner au mari l'action de mandat ou de gestion d'affaires, parce que la dot lui appartenant, il est censé avoir fait la dépense sur sa propre chose. Les dépenses voluptuaires ne donnent lieu à aucune action.

8° Quant la dot consiste en quantités ou en choses fongibles, le mari, poursuivi par l'action *rei uxoriœ* restitue un tiers chaque année pendant trois ans. Si la stipulation ne lui accorde aucun délai touchant la restitution, celle-ci doit avoir lieu immédiatement.

9° Si le mari avait fait en faveur de sa femme une disposition de dernière volonté comme un legs ou un fidéicommis, la femme, en vertu de l'édit *de alterutro*, devait opter entre le bénéfice de cette disposition et l'exercice de l'action *rei uxoriœ*. Après avoir fait son choix, elle devait donner des fidéjusseurs aux héritiers de son mari et s'engager envers eux à ne leur rien demander de plus (1). Au contraire agissait-elle par l'action ex stipulatu, la femme pouvait cumuler la restitution de sa dot avec la disposition de dernière volonté ; car elle était créancière de sa dot et le legs du fideicommis ne se confondait pas avec les créances.

La dissolution du mariage, arrivant par la mort du mari ou par le divorce, la femme avait donc pour se faire restituer sa dot l'une ou l'autre de ces deux actions. Mais ni l'une ni l'autre ne lui donnaient une situation préférable aux autres créanciers chirographaires de son

(1) C. 1. § 3 de rei uxor. au. cod.

mari. Cependant la pensée politique qui avait dicté la loi Julia, le désir de repeupler la cité romaine et de favoriser les seconds mariages, avait conduit à considérer la conservation de la dot, comme intéressant l'ordre public. Le législateur fut ainsi amené à faire de la créance dotale une créance privilégiée.

C'est pour motiver cette nouvelle faveur accordée à la femme, cette préférence sur tous les autres créanciers non hypothécaires de son mari, que les jurisconsultes proclament le principe célèbre ; *reipublicæ interest dotes mulieres salvas habere propter quas nubere possunt* (1). Les plus savants commentateurs du droit romain ne peuvent fixer l'époque de la naissance de ce privilège. Les textes du digeste qui le mentionnent sont rares ; la plupart se rapportent, non à l'action dotale, mais aux actions analogues, qui compétaient à la femme pour réclamer les biens qu'elle avait voulu se constituer en dot. Ce privilège, qui est au nombre des *privilégia inter personales actiones*, ne conférait à la femme aucun droit *réel*. Il lui donnait seulement un droit de préférence sur les créanciers chirographaires de son mari. C'est ainsi qu'il faut entendre la loi 1° *soluto matrimonio, dotium causa semper et ubique præcipua est : Ubique*, c'est-à-dire, dans les provinces aussi bien qu'en Italie : *semper*, c'est-à-dire, à quelque époque qu'ait lieu la restitution de la dot.

La femme ne peut renoncer pendant le mariage à ce privilège qui lui est accordé par la loi dans un intérêt public. Le pacte par lequel elle voudrait renoncer serait

----

(2) L. 2 de jure dot.

nul (1). Mais une fois le mariage dissous, rien ne s'oppose à ce que la femme, faisant novation avec son mari ou un tiers, ne perde le bénéfice qui était attaché à sa créance primitive. C'est en quelque sorte comme si la femme, ayant reçu les valeurs dotales, en faisait avec son ancien mari ou avec un tiers l'objet d'un nouveau contrat (2).

Le privilége était accordé non seulement à la femme mariée, mais encore à celle dont le mariage projeté venait à manquer, ou dont le mariage était déclaré nul. Dans ces deux cas, la femme n'aura pas l'action *rei uxoriæ*, puisque les choses par elle données ne sont pas devenues dotales. Elle n'aura que la *condictio ob rem dati re non secutâ*. Mais le privilége accordé à l'action de la dot sera également attaché à cette *condictio*, quand elle sera intentée par la femme. Le même intérêt d'ordre public existe ici, la dot doit être conservée à la femme pour qu'elle puisse contracter une seconde union (3).

Le mariage peut se trouver nul dans un autre cas prévu par Ulpien. La femme, s'étant trompée sur la condition de son mari, a épousé un esclave qu'elle croyait libre : le maître de ce dernier a acquis les choses remises à titre de dot. Il n'y a pas mariage. La femme, reconnaissant son erreur, intente la *condictio* contre le maître de son prétendu mari jus-

(1) Paul sentences liv. 1. t. 1. § 6. — L. 12 §. 1 de pact. dot. liv. 23 t. 4.

(2) L. 29 de novationibus liv. 46 t. 2.

(3) L. 17 1e L. 18, L. 19 de de rebu. auctor. liv. 45 t. 5. — L. 74 de jure dot.

qu'à concurence du pécule de celui-ci ; grâce à son privilège, elle sera, sur les valeurs qui composent le pécule, préférée aux autres créanciers. Si elle se trouve en concours, non plus avec des créanciers étrangers, mais avec le maître qui peut prélever sur le pécule le montant de la créance, dont l'esclave est débiteur envers lui, la femme sera primée par ce dernier. Le maître aura la priorité sur le pécule, mais non sur les choses apportées en dot par la femme et qui se retrouvent encore existantes, sur celles qui ont été achetées avec les valeurs dotales et même sur celles qui, livrées sur estimation, ne seraient pas sorties du pécule. La même décision serait applicable au cas où la femme intenterait, à la dissolution du mariage, l'action *rei uxoriæ de peculio* contre le père du fils de famille qu'elle avait épousé.

La créance de la femme, qui prime toutes les autres créances chirographaires même antérieures en date, peut se trouver en concours avec d'autres créances privilégiées. Dans quel ordre viendra-t-elle ? Cujas pensait qu'en cas de concours entre le privilège de la femme et celui du fisc, celui-la l'emportait qui était antérieur en date. Cependant d'après un édit du préfet d'Egypte, Tiberius Julius Alexander, rendu sous le règne de l'Empereur Galba, l'an 68 de l'ère chrétienne, gravé sur le 1er pylone du temple d'Elk Hargeh, découvert par Calliaud le 8 juillet 1818, Auguste avait fait passer le privilège de la femme avant celui du fisc. La femme devait recouvrer sa dot et le fisc ne venir que sur le restant du patrimoine ; du reste la fiscalité impériale ayant progressé, cet ordre fut plus tard interverti. Mais il résulte d'un rescrit de Décius de l'an

250 que le *privilegium dotis* resta préférable au *privilegium reipublicœ* (1).

Les frais de funérailles doivent aussi être payés avant la dot de la femme. L'individu, qui a déposé de l'argent chez un banquier , sans en recevoir des intérêts, peut, dans le cas de faillite du banquier, revendiquer par préférence à tout créancier privilégié, les écus qu'il a déposés, si *nummi exstent*. Les écus ont-ils été consommés, le déposant ne viendra qu'après les créanciers privilégiés, au nombre des quels se trouve la femme pour le montant de sa dot (2).Enfin les frais d'inventaire et ceux exposés pour parvenir à la vente des biens passent avant tout autre créance (2).

Le motif du droit de préférence accordé à la femme étant un motif d'intérêt privé, cette faveur devait naturellement être refusée aux héritiers de la femme (3). Aussi, quand dans la loi 13 § 5 *de fundo dotali*, Ulpien nous dit que l'héritier de la femme obtiendra la même protection que la femme elle-même, cela doit s'entendre non du privilège, mais du droit qu'à la femme de tenir pour nulle l'aliénation du fonds dotal.

Le droit de préférence apporté à la femme par ce privilège, les sûretés accordées par la loi Julia contre

_____

(1) Paul sentence V. 12. § 10. — 1.34 de rebus auct. liv. 42 t. 5. -- C. 9. cod. de jure dot. -- Rüdorff, Rheinisches. musæum p. 171. -- Vangerovv, Lerbuk der pandekten t. III. § 594.

(2) L. 7 § 2 de depos. liv. t. 3. -- L. 24 § 2 de rebus auct. liv. 42 t. 5.

(3) L. 72 ad leg. falcid. liv. 16 13 35 t. 2. -- L. 22 § 9 de jur. délib. liv. 6 t. 30 Cod.

l'aliénation de l'immeuble dotal, l'interdiction d'intercéder pour autrui, créée par le sénatusconsulte Velléien, furent les seules garanties légales qui, jusqu'à Justinien, assurèrent la restitution da la dot. La femme pouvait, il est vrai, par convention, obtenir des garanties plus efficaces; elle pouvait se faire donner des cautions par le mari. Une constitution de Valentinien et de Théodose vint défendre que des fidéjusseurs pussent être fournis à la femme par le mari pour sûreté de la restitution de sa dot. Il paraissait absurde aux empereurs que la femme, qui confie sa personne au mari, n'ose pas se reposer sur lui du soin de sa dot et ait plus de confiance dans la foi d'autrui que dans la foi conjugale. Justinien confirme cette décision, en l'étendant à tout cautionnement (1).

Ce revirement de jurisprudence s'explique par le changement du but à atteindre par la conservation de la dot. Quand l'état paraissait intéressé à la conservation des dots, aucune garantie ne pouvait être excessive; sauver la dot était nécessaire pour faciliter la nouvelle union. Mais quand les seconds mariages sont vus avec défaveur, ce motif manque; la conservation de la dot n'est plus une question d'intérêt public. Du reste, la défense des empereurs Valentinien et Théodose, comme le fait remarquer Cujas, s'appliquait seulement au cas où la femme demandait la sûreté pendant le mariage. Avant l'union conjugale, comme après sa dissolution, on peut convenir qu'un fidéjusseur assurera la restitution de la dot (2).

(1) C. 1 au cod. de privilegio dot; liv. 7 t. 74
(2) Cujas *recit solem ad* liv. 5 t. 20 cod.

7

Rien ne s'oppose, d'après Septime Sévère et Antonin Caracalla, à ce que, pendant le mariage, la femme puisse se faire donner un gage ou constituer une hypothèque sur les biens de son mari et même sur les choses dotales (1).

Ces deux solutions, relatives à la dation d'un gage et à celle d'un fidéjusseur, paraissent contradictoires. Cette antinomie s'explique par la différence des dates de ces constitutions et par les considérations précédentes. Mais Justinien se les étant appropriées toutes deux, il faut à son époque, pour établir l'harmonie, dire, avec Cujas, que la demande d'un fidéjusseur, impliquant plus de confiance dans autrui que dans le mari, est injurieuse pour celui-ci, tandis que la demande d'un gage ne présente pas ce même caractère. En supposant un fidéjusseur, une hypothèque ou un gage valablement fournis, la femme peut dépouiller de cette sûreté sa créance dotale. Elle ne viole aucun principe d'ordre public en renonçant à une sûreté obtenue par une convention spéciale. Ce n'est pas là une *intercessio* dans le sens du sénatusconsulte Velléien (2). Renoncer à l'hypothèque donnée par le mari sur ses biens ne constitue pas non plus une donation entre époux. Une constitution d'Anastase, très formelle et très catégorique, reconnaît à la femme le pouvoir de renoncer à l'hypothèque conventionnelle, directement au profit du mari, ou bien au profit du tiers qui traite avec le mari (3).

(1) C. 1ᵉ cod. de serv. pign. liv. 7. t. 8.

(2) L. 8 ad Senat. Vell. D liv. 16. t. 1. — C. 24 cod. ad Sen. Vell. liv. 4 t. 29.

(3) L. 18. D. liv. quæ in fraud. liv. 42 t. 8. L. 7 § 6 de don. inter. liv. 24 t. 1.

Outre ces garanties conventionnelles et le privilège attaché à l'action personnelle, la femme jouissait-elle d'une action en revendication utile pour reprendre le fonds dotal aliéné par le mari? Si le mari a vendu et livré le fonds dotal contrairement à la prohibition de la loi, il peut valablement revendiquer. Si, à la dissolution du mariage, il n'a pas exercé cette revendication, la femme a le droit de se la faire céder. Elle peut même, en l'absence de cession effective, l'exercer à titre d'action utile. Mais en dehors de ce cas particulier, le droit prétorien ou la coutume avaient-ils autorisé une semblable action au profit de la femme? l'affirmative est adoptée par quelques commentateurs. Ils se basent sur un passage de Paul qui forme la loi 55, **D.** *de don, inter vir. et ux.* Le jurisconsulte suppose qu'une femme avait donné de l'argent à son mari, et que celui-ci avait acheté, à l'aide ce cette somme, des objets encore existants. Le mari étant insolvable, la femme, qui veut révoquer la donation, peut-elle réclamer les objets par voie de *condictio*? Oui, répond Paul, le mari est plus riche en vertu de la donation ; mais ce n'est pas tout, et rien ne s'oppose à ce que l'on accorde à la femme une revendication utile relativement aux choses achetées par le mari. S'il en est ainsi, quand la femme veut revenir sur la donation faite à son mari, comment lui refuser un semblable pouvoir quand il s'agit du recouvrement de sa dot (1).

Cette argumentation est peu probante. Sans rechercher si le texte de Paul n'a pas subi quelque altération,

(1) Cujas observ. V. 29. — Noodt comm. t. 11. p. 502. — Glück, pandectes § 585.

et en le prenant comme l'expression sincère de la pensée de ce jurisconsulte, l'argument ne porte pas. En effet, dans l'hypothèse de la donation, le mari étant insolvable et la *condictio* n'étant pas privilégiée, la femme, réduite à cette action personnelle, sera évidemment en perte, à moins qu'à l'aide d'une revendication utile, elle puisse soustraire aux poursuites des créanciers du mari les objets acquis. Tout au contraire, quel avantage procurerait à la femme une revendication utile pour recouvrer sa dot, alors que l'action *rei uxoriæ* est munie d'un privilège ? En outre, si les écus donnés par la femme sont encore reconnaissables entre les mains du mari donataire, la femme restée propriétaire de ces écus pourra très bien les revendiquer. Si le mari les a employés à une acquisition, Paul est naturellement conduit à considérer ces objets comme subrogés et à admettre que la revendication les atteindra, comme elle aurait atteint les écus. Les choses dotales, simplement transférées au mari, n'ont pas au contraire pris le lieu et place de choses susceptibles d'être revendiquées par la femme et la subrogation réelle est impossible.

Les partisans de l'opinion contraire se fondent sur la loi 22 § 13 *solut. matrim.*; Pothier notamment enseigne que, si la femme prime le maître de l'esclave sur les choses apportées en dot, c'est par l'effet d'une revendication utile. Cette interprétation est contretedite par la loi 53 *solut. mat.* Tryphoninus suppose qu'une dot a été remise à un fils de famille : après avoir décidé que le fils est tenu lui-même *de dotis actione*, le père *duntaxat de peculio*, le jurisconsulte ajoute : *nec interest in peculio rem vel pecuniam dotalem habeat necne.* D'où il résulte que, même dans le cas où les choses apportées en dot existent encore dans le pécule, l'action employée par la femme est toujours une action personnelle *de peculio*. La préférence accordée à la femme sur le maître ou le père de famille, quand il s'agit de choses provenant sûrement de la constitution dotale, se rattache au principe général posé par Ulpien dans la L. 36 de *peculio*. Il y a dol de la part du père ou du maître qui prétend se faire payer sur les choses dotales aux dépens de la femme et qui se refuse à restituer celles qu'il a entre les mains (1).

Jusqu'à Justinien, la femme, pour obtenir la restitution de sa dot, a joui de deux actions : l'action *rei uxoriæ* et l'action *ex stipulatu*. Empruntant à l'une et à l'autre leurs traits principaux, Justinien les réunit en une seule. Il l'appelle l'action *ex stipulatu* et il l'accorde à la femme et à l'ascendant survivant, sans qu'aucune stipulation soit intervenue entre les parties.

De l'action *rei uxoriæ* supprimée, la nouvelle action contient les caractères suivants. Elle sera une action de bonne foi, c'est-à-dire, qu'avec la stipulation on sous-entend la caution *de dolo* qui l'accompagnait habituellement. Le mari, poursuivi en restitution de la dot et exempt de dol, jouira du bénéfice de compétence. Un an lui est accordé pour la restitution de la dot mobilière : la dot immobilière doit être immédiatement restituée. Si la femme n'a pas d'autres biens que les meubles constitués en dot, le mari ou ses héritiers devront pourvoir pendant l'année à ses besoins.

Sous d'autres rapports, les emprunts sont faits à

---

(1) Pellat, textes sur la dot. p. 246. -- Demangeat de fundo dotali p. 102 et s.

l'ancienne action *ex stipulatu*. Ainsi la nouvelle action est transmissible aux héritiers de la femme, lorsque celle-ci meurt pendant le mariage ou après le divorce, avant d'avoir mis son mari en demeure. Plus de rétentions à exercer sur la dot. La retenue *ob liberos* disparaît par ce double motif, que la nourriture des enfants ne doit pas être prise sur la dot de la mère et que si le divorce a été occasionné par la faute de la femme, celle-ci est punie dans tous les cas, qu'il existe ou non des enfants, par la perte totale de sa dot. Les dépenses nécessaires diminuent la dot de plein droit. Pour recouvrer les dépenses utiles, le mari a l'action de mandat, lorsqu'elles ont été faites du consentement de la femme; l'action de gestion d'affaires, en dehors de ce consentement. Elles ne pourront être acquitées qu'à l'aide des autres biens de la femme. Si le mari a fait des dépenses voluptuaires, il peut enlever les objets qui peuvent se séparer du fonds et lui procurer un avantage. En outre, la nouvelle action *ex stipulatu* permet à la femme, par dérogation à l'édit *de alterutro* de cumuler le bénéfice de cette action avec la disposition de dernière volonté faite à son profit par le mari.

La réforme de Justinien a été diversement jugée. On peut se refuser de trouver bizarre et peu conforme à la nomenclature romaine ce mélange de l'action *ex stipulatu* et de l'action *rei uxoriæ*. Si sur certains points, la réforme de Justinien mérite d'être critiquée, comme nous l'avons déjà fait, sur d'autres elle constitue un véritable progrès. Il repousse, avec raison, l'application de l'édit *de alterutro*. A son époque, bien que le mari soit encore propriétaire de la dot pendant le mariage, la dot est par dessus tout la fortune de la femme et de sa famille. Elle est son bien, son avoir ; pourquoi ne pas lui accorder en même temps la libéralité du mari ? En quoi consisterait la générosité de ce dernier, si la femme était tenue d'opter. Dans la plupart des cas, puisque la dot est désormais le bien de la femme, cette libéralité serait illusoire (1).

Trouvant ensuite insuffisante la garantie procurée à la femme par son privilège *inter personales actiones* sur les biens du mari, Justinien décide que la femme a une hypothèque privilégiée sur toutes les choses apportées en dot au mari (2). Dès qu'une chose est par lui acquise *dotis causâ*, elle est soumise à cette hypothèque privilégiée ; en outre, au lieu d'intenter l'action hypothécaire, la femme pourra si elle préfère, procéder par voie de revendication des choses dotales. Par l'effet de cette hypothèque privilégiée, la femme sera préférée, sur les choses dotales, aux créanciers du mari même hypothécaires et antérieurs en date, qui ont avant le mariage reçu de lui hypothèque sur tous ses biens futurs . Les choses dotales seules sont atteintes ; mais la chose, apportée en dot avec estimation et devenue définitivement la propriété du mari, est grevée, tout comme la chose apportée sans estimation, de l'hypothèque privilégiée . Celle-ci atteindra également la chose achetée par le mari avec l'argent dotal (5).

L'hypothèque porte sur les meubles comme sur les immeubles, sur les animaux comme sur les choses inanimées, pourvu que ces objets existent au moment où la

---

(1) C. 1 cod. de rei uxoriæ liv. V t. 13.
(2) C. 30. cod. de jure dot.
(3) Pellat. Textes sur la dot p. 244 et s.

femme veut agir . Tel est le sens des mots *si tamen exs-*
tant. Si donc des animaux, individuellement déterminés, ont été apportés en dot et ont péri par la faute
du mari, la femme aura bien une créance dotale au
sujet de ces animaux, mais elle ne sanrait avoir une
hypothèque privilégiée. Si un troupeau a été apporté
en dot, l'hypothèque privilégiée frappera le troupeau
tèl qu'il se composera à la dissolution du mariage, le
mari ayant comblé les vides à l'aide du croît. On ne
saurait entendre les mots, *si tamen exstant* comme signifiant que les choses apportées en dot n'ont pas été
alienées par le mari. Pour quel motif traiterait-on la
femme plus mal que les autres créanciers hypothécaires
en lui refusant le droit de suite contre les tiers acquéreurs ? (1) .

En vertu de cette hypothèque prévilégiée, l'objet
dotal aliéné par le mari n'entre dans le patrimoine
de l'acquéreur, que sous le respect du droit de la
femme. Cette hypothèque ne peut recevoir aucune
atteinte des droits réels, qui prendraient naissance
du chef de l'acquéreur. Mais rien ne s'oppose à ce que
la femme renonce en faveur d'un tiers à cette garantie. Cette renonciation ne constitue pas un acte *d'in-*
tercession dans le sens du sénatus consulte Velleien. Si
la femme concourt à l'aliénation faite par le mari,
elle se rend par là-même non recevable à poursuivre
le tiers acquéreur.

Le mari a pu recevoir en dot un droit de créance
sur un tiers : cette créance sera affectée de l'hypothèque de la femme, en vertu des principes généraux

----

(1) L. 10. § 3 de jure. dot. -- 13 de pig. et hyp. liv. 20 t. 1.

sur le *pignus nominis*. La volonté du mari étant insuffisante pour dépouiller la femme de sa garantie, le consentement de la femme est indispensable pour faire remise de la dette au débiteur. Mais celui-ci pourra se libérer pendant le mariage, car il est impossible de lui défendre d'acquitter sa dette. A-t-il payé un corps certain, l'hypothèque privilégiée de la femme passera sur cet objet. S'agit-il d'une somme d'argent, à la différence d'un créancier gagiste ordinaire, la femme ne pourra pas se faire payer immédiatement parce qu'elle ne peut recouvrer sa dot pendant la durée du mariage (1).

L'intérêt, qu'a la femme à obtenir une hypothèque privilégiée sur son immeuble dotal n'apparaît pas à première vue. En effet l'immeuble ne pouvant être hypothéqué par le mari, le *privilegium* de la femme devait suffire pour la rendre préférable à tous les créanciers du mari. Mais, si le mari ne peut consentir des hypothèques conventionnelles, il est des hypothèques légales qui, indépendamment de sa volonté, peuvent atteindre tous ses biens, et l'immeuble dotal dont il est propriétaire, tel est par exemple, l'hypothèque qui grève les biens du tuteur d'un pupille [ou d'un curateur d'un mineur de vingt-cinq ans. Le mineur ou le pupille seraient préférables à la femme, si elle ne pouvait invoquer que le *privilegium inter personales actiones*.

L'hypothèque privilégiée, qui appartient à la femme sur le fonds dotal, peut-elle être invoquée contre un tiers acquéreur ? Il faut répondre négativement, lors-

(1) L. 18. de pig. act. liv. 13 t. 7. — L. 13 § 2 de pig. et hyp. -- C. 4 cod. quæ res pig. liv. 8 t. 17. -- Demangeat, de fundo dotali, p. 92.

que la femme a consenti à l'aliénation : elle a renoncé par la-même à la faculté d'inquiéter le tiers acquéreur au moyen de son action hypothécaire. Mais, dans les cas exceptionnels où le fonds dotal peut passer du patrimoine du mari dans celui d'un tiers sans le consentement de la femme, on ne peut refuser à celle-ci l'exercice de son hypothèque contre le nouveau propriétaire ou ses ayants-cause (1).

Pour justifier l'hypothèque privilégiée qu'il accorde sur les choses dotales, Justinien s'exprime ainsi : *cùm eædem res ab initio uxoris fuerint et naturaliter in ejus permanserint dominio ..... Sive ex naturali jure ejusdem mulieris res esse intelligatur, sive secundum legum subtilitatem ad mariti substantiam pervenisse videantur*. L'empereur imagine une propriété naturelle, qui aurait appartenu à la femme à coté de la propriété civile du mari, pour en conclure qu'il serait bizarre que la femme eut à souffrir de l'existence d'hypothèques établies sur les choses dotales du chef de son mari. Cette propriété naturelle doit produire l'effet habituel de toute propriété, l'action en revendication. Telle est en effet la conclusion que tire Justinien, et l'attribution de cette action constitue une nouvelle innovation. Quant aux meubles, la femme pourra revendiquer ceux qui, à la dissolution du mariage, se retrouveront en nature dans le patrimoine du mari. Cette revendication sera plus avantageuse que l'exercice de l'hypothèque privilégiée. La femme, se présentant comme propriétaire, pourra recouvrer les meubles en nature, tandis que l'action hypothécaire n'abou-

---

(1) L. 1 de fundo dot. -- C. 2. cod. de fundo dot. liv. 5 t. 23. -- Demangeat *de fundo dotali* p. 94 et 95.

tit pas sûrement à la reprise même de l'objet hypothéqué. Si les meubles dotaux ont été aliénés, même
sans le consentement de la femme, par le mari pendant
le mariage, le tiers acquéreur ne pourra pas être poursuivi par l'action en revendication. L'aliénation est
parfaitement valable ; car le mari, même d'après la
constitution de l'an 530, avait la capacité d'aliéner.
Le tiers sera tenu envers la femme par l'action hypothécaire et aura le droit de garder l'objet mobilier en
en payant la valeur.

Relativement aux choses mobilières, apportées en
dot avec estimation, si le mari les a aliénées pendant le mariage, le tiers acquéreur est devenu légitime propriétaire et n'a pas à craindre la revendication de la femme. Mais si ces choses se retrouvent en nature dans le patrimoine du mari, quelques auteurs pensent que la propriété acquise au
mari est rescindée au profit de la femme, et que Justinien lui accorde le droit de revendiquer et de recouvrer identiquement les objets ainsi estimés. Nous
pensons au contraire que le droit de la femme, dans
cette hypothèse, n'a pour objet qu'une somme d'argent, le montant de l'estimation en vertu de la vente
qu'elle a librement consentie. Cette situation lui donne
l'avantage de n'avoir pas a supporter les risques de
ces choses ; si elles ont péri, le droit de la femme,
subsiste entièrement ; l'hypothèque privilégiée seule
ne pourra plus s'exercer. On ne peut sans injus-
tice permettre à la femme d'exiger autre chose que
l'objet de son droit, de reprendre la chose estimée
quand on lui offre le montant de l'estimation. Cette
femme, qui a vendu *dotis causa*, serait, comme le re-

marque Mr Demangeat, mieux traitée que le vendeur, qui a eu soin de faire insérer dans le contrat la *lex commissoria* ; car elle pourrait à son gré reprendre en nature la chose estimée, alors même qu'on lui offrirait son prix, le montant de l'estimation. Pour les choses achetées par le mari avec l'argent dotal, *ex pecunia dotali* la question est plus douteuse : cependant nous pensons, avec le même auteur, qu'il faut les considérer comme devenues elles-mêmes dotales par une espèce de subrogation réelle (1).

A l'égard de l'immeuble dotal, la revendication de la femme ne peut s'exercer qu'à la dissolution du mariage, si ce fonds se retrouve en nature dans le patrimoine du mari. S'il a été aliéné avec le consentement de la femme, l'acquéreur n'a à craindre ni l'action en revendication, ni l'action hypothécaire. Cette revendication accordée à la femme constitue une innovation de Justinien. Dans le droit antérieur, ni le droit civil, ni le droit prétorien, ni la jurisprudence n'avaient accordée à la femme une action réelle, même utile, pour lui permettre de recouvrer les choses dotales. Comme le remarque M. Demangeat, si quelque empereur, quelque magistrat, ou quelque jurisconsulte avait effectivement admis une action en revendication au profit de la femme, Justinien n'aurait pas laissé échapper l'occasion d'invoquer cette autorité, au lieu de ce qu'il appelle *rei veritas*, par opposition aux règles de droit.

Puisque la femme, qui avait consenti l'aliénation de l'immeuble dotal, n'avait ni l'action en revendication, ni l'action hypothécaire contre le tiers acquéreur et qu'elle

(1) Demangeat. de fundo dotali p. 99 et s.

pouvait ainsi abdiquer les garanties qui lui étaient con-
férées pour le recouvrement de sa dot immobilière, Justinien, un an après la constitution 30, en l'an 530,
décrète l'inaliénabilité absolue de l'immeuble dotal, même
avec le consentement de la femme. Il lui confère, en
outre, une hypothèque générale sur tous les biens du
mari (2).

Voici, en résumé, le raisonnement de l'Empereur : la
femme ayant une hypothèque sur tous les biens de son
mari et une hypothèque privilégiée sur les biens dotaux, il
semble que la restitution de la dot soit suffisamment
garantie et que la femme puisse être intégralement
désintéressée. Cependant la femme, peut encore être
exposée à perdre sa dot. Si elle consent à l'aliénation du fonds dotal, elle renonce, par là-même, à
opposer au tiers acquéreur son hypothèque privilégiée, et si les autres biens du mari sont grevés d'hypothèques antérieures à celle de la femme, la restitution
de la dot se trouvera compromise. Il faut donc que la
femme ne puisse renoncer à son hypothèque privilégiée
sur le fonds dotal, ni directement au profit du mari, ni
indirectement au profit d'un tiers, en consentant l'aliénation. Celle-ci est défendue au mari d'une manière
aussi absolue que l'hypothèque. C'est la conséquence
naturelle de l'idée que l'hypothèque privilégiée est
d'intérêt public, quand elle porte sur les immeubles
dotaux. La constitution d'Anastase, qui reconnaissait
aux femmes la faculté de renoncer à leur hypothèque, continuera de recevoir son application à l'égard
de l'hypothèque sur les biens propres du mari et à

_____

(2) C. 1. cod de rei ux. act. § 15 liv. 5 t. 13.

l'égard de l'hypothèque privilégiée sur les immeubles estimés. Mais le droit de la femme sur l'immeuble non estimé, sur l'immeuble proprement dotal, doit rester intact, *ne fragilitate naturæ suæ in repentinam deducatur inopiam*. La renonciation est encore permise à la femme, en tant que l'hypothèque privilagiée porte sur les meubles dotaux. Justinien ne s'occupe que de l'immeuble dotal, et l'ancienne distinction entre la dot mobilière et immobilière est encore applicable à la renonciation de la femme et à son hypothèque privilégiée sur les choses apportées en dot.

L'hypothèque tacite, accordée par la constitution de l'an 530, porte sur les biens de celui qui a reçu la dot. Ainsi, si le mari était fils de famille et qu'il ait touché la dot sur l'ordre de son père, ou si le père l'a reçu lui-même, tous les biens de ce dernier sont grevés de l'hypothèque tacite de la femme. Le père venant à mourir, le mari n'est tenu de rendre la dot qu'autant qu'il est héritier. Si le mari est exhe-rédé ou s'il refuse l'hérédité la femme doit agir contre les héritiers de son beau-père.

En accordant à la femme ces diverses mesures de protection, Justinien n'a encore rien fait de contraire à l'équité. Les créanciers du mari antérieurs au mariage n'ont pas à se plaindre de l'hypothèque privilégiée pesant sur les biens dotaux : ces biens ne sont entrés dans le partimoine du mari que sous la restitution des droits de la femme. L'hypothèque tacite, qui frappe tous les biens du mari, ne prend rang que du jour du mariage. Son défaut de publicité est un incon-vénient qui lui est commun avec toutes les autres hypothèques. Il est, du reste, atténué par la publicité relative, mais forcée, qui résulte du fait même du mariage.

Mais Justinien ne sut pas s'arrêter, et l'année suivante, en 531, la célèbre constitution *assiduis* vient accorder aux femmes, sur tous les biens de leurs maris, une hypothèque privilégiée, à l'aide de laquelle elles primeront tous les créanciers hypothécaires, quelle que soit la date de leurs hypothèques. Dans ce langage diffus et incorrect, qui caractérise toutes ses constitutions, Justinien explique que, touché des plaintes des femmes mariées, il s'est convaincu de l'insuffisance de la protection légale. Autrefois, dit-il, la femme n'avait qu'une action personnelle, mais le législateur lui donnait la préférence sur toutes les autres actions personnelles. Pourquoi l'action hypothécaire, que nous lui avons accordée, ne jouirait-elle pas de la même faveur parmi les actions réelles ? cette argumentation singulière lui paraît suffisante pour transformer en hypothèque privilégiée l'hypothèque simple accordée un an auparavant à la femme sur tous les biens du mari.

Cette réforme, inique et maladroite à la fois, a été unanimement repoussée ; le Code civil l'a reniée d'une manière formelle dans l'article 1572. Rien de plus injuste et de plus contraire au crédit que cette innovation de l'empereur byzantin. Un créancier chirographaire n'a que la garantie ordinaire offerte par le patrimoine de son débiteur. S'il est primé par le privilège de la femme, il doit s'imputer à lui-même de ne pas s'être assuré de meilleures garanties : pourquoi n'a-t-il pas exigé de son débiteur des sûretés hypothécaires qui l'auraient placé dans une situation préférable à celle de la femme? Mais lorsque la femme a sur tous les biens du

mari une hypothèque privilégiée, toute mesure de précaution prise par le créancier est vaine et dérisoire.
Traitant avec un célibataire, il ne peut trouver une garantie assurée, car il sera victime d'un événement qu'il
ne peut ni prévoir ni empêcher: Désormais, en se ma-
riant, un débiteur peut soustraire à ses créanciers leur
gage et les conduire à leur ruine par son insolvabilité
relative à leur égard. Plus la femme qu'il épousera sera
riche et plus s'aggraveront les risques des créanciers.
Comment le crédit pouvait-il exister dans de semblables
conditions ?

Cette constitution *assiduis* est tellement exorbitante
que Doneau, pour en atténuer les désastreuses consé-
quenses, a soutenu que l'hypothèque privilégiée de la
femme ne primait pas le créancier ayant une hypothèque expresse et antérieure en date. Mais cette opinion
doit être rejetée. La femme sera préférée à tous les
créanciers et la Novelle 97 vient corroborer cette solution. Aux termes de cette Novelle, le créancier, dont
l'argent a servi à mettre une chose dans le patrimoine
du mari, n'a qu'une hypothèque expresse, qui le rend
préférable à la femme, seulement dans le cas où sa
créance est antérieure au mariage.

L'hypothèque privilégiée ne passait pas aux héritiers
de la femme, à l'exception de ses descendants. Enfin,
dans la Novelle 109, Justinien refuse aux femmes héré-
tiques le bénéfice de l'hypothèque privilégiée; mais il
suffira qu'elles se soient converties, au moment où elles
invoqueront le privilége. Mesure détestable, qui fait sus-
pecter la conversion la plus sincère et qui place les
femmes entre leurs intérêts et leurs convictions reli-
gieuses.

Tels sont les progrès et les transformations successives de la législation, en ce qui concerne les garanties qui protègent la restitution de la dot. A l'origine, le patrimoine de la femme se confond avec celui du mari : plus tard, la multiplicité des divorces entraîne la distinction des deux patrimoines. L'Etat, qui craint de manquer de citoyens, élève la dot au rang d'une institution d'ordre public. Sous l'influence du christianisme, l'intérêt de la femme et de la famille se substituent à l'intérêt de l'Etat. Enfin Justinien trouve insuffisantes les garanties accordées aux femmes, et, dans son désir de les protéger absolument, dépasse le but et détruit le crédit, dans cette constitution célèbre par laquelle il a si bien mérité le titre d'*uxorius legislator*.

DROIT FRANÇAIS.

De la restitution de la Dot.

Le régime dotal, si bien adapté à la fragilité du lien conjugal et à l'incapacité de la femme mariée, doué de cette solidité que le génie romain savait donner à toutes ses œuvres, s'est conservé jusqu'au sein du christianisme et de la civilisation moderne. Ses caractères principaux se sont maintenus et perpétués. Au lieu d'associer la femme au mari, il la condamne à l'inaction ; loin de confondre les intérêts des époux, il établit entre eux une profonde séparation. Quels que soient les changements survenus dans la situation des conjoints, quelles que soient les vicissitudes de la vie conjugale, quels que soient les caprices de la fortune ou les efforts des époux, la dot doit se retrouver, à la dissolution du mariage, dans son intégrité primitive. Tel est le principe, tel est le but du régime dotal.

Pour atteindre ce résultat, le droit romain avait lié les mains au mari et à la femme; les abus du pouvoir chez l'un, les entraînements de la faiblesse chez l'autre, lui inspiraient une égale défiance. Pour mieux assurer la conservation de la dot, il avait à la fois établi l'inaliénablilité du bien dotal et l'incapacité de la femme mariée : deux prohibitions qui se complètent l'une l'autre; la première écrite dans la loi Julia, la seconde résultant du sénatus-consulte Velléien. Cette dernière disposition législative paraît entièrement bannie de notre droit moderne. Il n'en est rien cependant, et la jurisprudence regarde, comme une conséquence légitime de l'inaliénabilité dotale, l'incapacité pour la femme d'engager sa dot, de renoncer à sa créance dotale et d'aliéner l'hypothèque légale qui lui en assure la restitution.

Par cette conservation forcée, par la création d'une espèce de réserve pour la génération future, le régime dotal est de tous les régimes nuptiaux celui qui répond le mieux à la sollicitude et à la *juste* défiance des pères de famille. Bien que les causes de son maintien ne soient plus celles qui le firent introduire, ses principes fondamentaux sont néanmoins restés immuables. Notre ancien droit les emprunta au droit de Justinien; et si les arrêts des parlements apportèrent à leur application quelques modifications, celles-ci furent trop rares pour que nous ayons cru nécessaire de leur consacrer un chapitre spécial. Nous nous contenterons de les indiquer à l'occasion du droit moderne auxquelles elles se rattachent.

Nous diviserons cette partie de notre sujet en six chapitres et nous les consacrerons à l'examen des mêmes points qu'en droit romain.

CHAPITRE PREMIER.

Des causes de restitution.

Destinée à supporter les charges du mariage, la dot
doit être rendue lors de la dissolution de l'union conjugale. Sa destination est accomplie : elle a rempli sa
fonction. Bien que le mariage subsiste, la restitution est
encore nécessaire, lorsque l'administration et la jouissance des biens dotaux passent du mari à la femme ou
à ses héritiers présomptifs, par l'effet de la séparation
de corps ou de biens, ou de l'envoi en possession provisoire après la déclaration d'absence. Nous pouvons
formuler les règles suivantes :

1° La dot doit être restituée, dès que cessent
l'administration et la jouissance du mari.

2° Toute restitution accomplie pendant la durée du
mariage, en dehors des cas prévus par la loi, n'est pas
libératoire pour le mari. La femme peut exiger, de
nouveau, le paiement de sa dot, sous déduction des
objets ou valeurs qu'elle possède encore au jour où
la restitution devient exigible.

Quelles sont donc les causes qui mettent fin à l'administration et à la jouissance du mari ? Elles sont au
nombre de quatre : la dissolution du mariage : son
annulation : l'absence de l'un des époux : la séparation
de biens, principale ou accessoire à la séparation de corps.

Dans notre ancien droit, par une application exten-
sive des lois romaines, le parlement de Bretagne avait
admis que la restitution pouvait avoir lieu pour de

justes causes : sortir le mari de prison, payer l'amende à laquelle il a été condamné : pourvoir à l'entretien des enfants d'un autre lit, ou des frères et des parents de la femme : payer la rançon de ces mêmes personnes détenues par les pirates barbaresques : désintéresser les créanciers de la femme : marier une de ses sœurs : acheter un bon fonds etc.,. La restitution devait avoir lieu après avis des parents et avec autorisation de justice (1). Quelsques-unes de ces causes peuvent aujourd'hui, (art. 1558,) autoriser l'aliénation des immeubles dotaux : mais aucune ne saurait valider la restitution opérée durant le mariage. Reprenons séparément chacune des quatre causes actuelles.

1° La dissolution du mariage est la cause la plus fréquente, la plus habituelle de restitution. Le mariage ne prend fin aujourd'hui que par la mort naturelle de l'un des époux. Le divorce et la mort civile ont été successivement abolis en 1816 et en 1854.

2° La dot doit encore être restituée, lorsque le mariage, contracté malgré la présence d'un empêchement dirimant, est annulé. A vrai dire, il n'y a plus rétroactivement, ni mariage, ni dot ; mais l'ex-mari ne peut plus conserver les biens ou les valeurs que la femme lui avait apportés à titre de dot. Dans cette hypothèse, si des enfants sont issus du mariage, la femme devra contribuer, proportionnellement à sa fortune, à leur entretien et à leur éducation (art. 203. c. civ.). Si la femme était de bonne foi, elle jouira, pour la restitution de sa dot, de l'hypothèque légale des femmes mariées, avec le rang que lui

_____

(1) Arrêt solemnet du 15 janvier 1600.

donne l'art. 2135 c. civ. Mais si sa créance dotale ne lui est pas immédiatement payée elle devra, pour conserver à cette hypothèque son rang, la faire inscrire dans l'année qui suivra le jugement ayant annulé le mariage. Elle ne peut pas demander à être mieux traitée que la veuve dont le mariage n'a pas été annulé (1). A l'inverse, si le mari était de bonne foi, il pourra user du délai déterminé par l'art. 1565, dont nous nous occuperons bientôt.

3° La restitution de la dot doit encore être effectuée, lorsque l'absence de l'un ou de l'autre des époux a été déclarée (art. 123). On distingue trois périodes en matière d'absence. Le caractère de la première, où l'absence est seulement présumée, réside dans le maintien de l'état actuel. L'article 112 n'autorise que les mesures provisoires et conservatoires exigées par la nécessité ; ce texte est applicable aux conventions matrimoniales. Si la femme dotale est présumée absente, le mari conserve la jouissance des biens dotaux. Il doit recourir à l'autorisation du tribunal : 1° pour les actes qui dépasseraient ses pouvoirs, comme pour doter à l'aide des biens de la femme un enfant commun, ou aliéner dans les cas prévus par les articles 1558 et 1559 : 2° pour pourvoir à l'administration des paraphernaux, art. 1574. Dans le cas où le mari est présumé absent, la femme ne peut réclamer la restitution de sa dot ; car le contrat de mariage est maintenu. Elle peut provoquer des mesures conservatoires à l'égard des biens dotaux, et même à l'égard des biens personnels du mari, dont les revenus doivent contribuer à l'entretien de la famille. Il sera

(1) Arg. art. 8.. loi du 23 mars 1855.

même très naturel de confier l'administration des biens dotaux et des biens personnels du mari à la femme elle-même, le tribunal ordonnant telles mesures de précaution qu'il jugera nécessaires.

Dans la deuxième période, dite de déclaration d'absence, les choses vont se passer tout autrement. Deux cas doivent être distingués : ou bien, les époux étaient mariés purement et simplement sous le régime dotal : ou bien, ils avaient réuni à ce régime une société d'acquêts.

Dans la première hypothèse, le mari étant déclaré absent, la femme pourra invoquer l'article 123 et réclamer la restitution de sa dot, à charge de donner caution. Si la femme est déclarée absente, ses héritiers présomptifs obtenant l'envoi en possession provisoire de ses biens, peuvent exiger du mari la restitution de la dot, toujours à charge de donner caution de rendre les biens, soit au mari, s'il est plus tard démontré que le mariage n'est pas dissous, soit aux héritiers de la femme au jour de son décès, lorsque celui-ci sera connu.

Cette dissolution provisoire du contrat de mariage, lorsque les époux avaient adopté le régime dotal, est vivement critiquée par M. Demolombe. Elle est à la fois, dit-il, irrationnelle et inique. Le législateur n'a pas tenu un compte suffisant des droit du mari sur la dot de la femme absente. Le mari a le droit, en vertu de son contrat, de jouir de la dot jusqu'à la dissolution du mariage ou la séparation de biens judiciaire; or les héritiers présomptifs de la femme ne prouvent pas que le mariage soit dissous et ne sont pas non plus dans le cas de séparation. Nous ne suivrons pas le savant doyen de la faculté de Caen dans l'examen critique qu'il fait de la loi, nous nous contenterons de reproduire sa conclusion. « Il m'aurait paru « convenable et juste que la loi préférât le conjoint « présent, quel que soit son régime matrimonial, aux « héritiers présomptifs et aux légataires de l'absent, « sur les biens appartenant, d'une manière incommu- « table à celui-ci : et qu'elle suspendît l'ouverture pro- « visoire des droits qui émanent d'elle et qui sont à sa « libre disposition, qu'elle en suspendît l'ouverture « provisoire dans l'intérêt du conjoint présent, sinon « pendant toute la seconde période, au moins pendant « une partie de cette période » (1). Nous nous permettrons de faire remarquer que cette restriction vient détruire en partie l'effet de l'argumentation antérieure, à moins que l'éminent professeur n'ait voulu manifester le désir de voir créer une quatrième période d'absence.

Dans le cas où les époux s'étaient mariés sous le régime dotal, avec stipulation de société d'acquêts, le conjoint présent est autorisé à opter entre la dissolution de la société d'acquêts ou sa continuation. S'il opte pour la dissolution provisoire, on applique les règles ci-dessus. En optant, au contraire, pour la continuation de la société d'acquêts, l'époux présent empêche l'envoi en possesion provisoire des héritiers et successeurs présomptifs de l'absent, ainsi que l'exercice provisoire des droits subordonnés à son décès et conserve ou prend l'administration du patrimoine personnel de l'absent et des biens communs d'après

(1) Demolombe. de l'absence, n° 275.

les distinctions suivantes (art. 124). Le mari présent acquiert, à l'égard des paraphernaux de la femme absente, les pouvoirs d'un envoyé en possession provisoire : quant aux biens dotaux et aux biens composant la societé d'acquets, il conserve les droits et les pouvoirs que lui attribue sa double qualité de mari et de chef de la communauté. Sous ce rapport, les pouvoirs du mari ne sont pas soumis aux restrictions imposées à un envoyé en possession provisoire. La présomption de mort, attachée à la déclaration d'absence, se trouve en effet provisoirement écartée, en ce qui concerne le sort des biens communs, par la faculté, que la loi donne à l'époux présent, d'opter pour la continuation de la communauté et par le fait même de cette option. Sauf la nécessité où pourra se trouver le mari de rendre compte de la communauté continuée, aucun motif ne permet de restreindre les pouvoirs qu'il tient de son titre de chef de la communauté (1).

Si le mari est absent, la femme ne jouit, au contraire que des droits d'un envoyé en possessions provisoire sur les biens dotaux, sur ceux de la communauté d'acquêts et sur les biens du mari. Elle prend une administration qui ne lui appartient pas ; elle va l'exercer pour le mari en qualité de mandataire. Son titre est le même à cet égard que celui des envoyés en possession provisoire. Elle reste soumise à la nécessité

(1) Voir en sens divers Proud'hon et Valette t. 1ᵉ p. 318 et 319. Duranton t. 1ᵉ nᵒ 461, Demolombe de l'absence nᵒ 284 et 285, Demante cours analytique t. 1ᵉ nᵒ 162 bis' Aubry et Rau t. 1ᵉ p. 155.

de l'autorisation qui devra être donnée par le tribunal, au lieu et place du mari absent, pour ester en justice sur toutes les actions mobilières ou immobilières
relatives aux biens communs et à ses biens propres
(1) La femme qui opte pour la continuation de la
communauté, conserve toujours le droit d'y renoncer
après sa dissolution. L'époux présent conserve, même
après avoir opté pour la continuation de la société
d'acquêts, la faculté d'en demander la dissolution. La
communauté continuée se dissout en outre par la mort
de l'époux présent, par la preuve du décès de l'absent et par l'envoi en possession définitive. Lorsque
la communauté continuée se dissout par la preuve
acquise du décès de l'absent, elle se liquide en l'état
où elle se trouvait au jour de son décès. Prend-t-elle
fin pour toute autre cause, elle se liquide comme si
elle avait été dissoute au jour de la disparition de
l'absent ou de ses dernières nouvelles. Le mari présent, restitue la dot et les paraphernaux dont il avait
pris l'administration aux héritiers présomptifs de la
femme.

C'est une question très controversée que celle de
savoir si l'époux présent qui opte pour la continuation
de la communauté, est obligé de donner caution.
D'après quelques auteurs, le mari en serait dispensé et
la femme en serait tenue . D'autres imposent l'obligation de fournir caution à l'un et à l'autre époux.
L'article 124 parait, au contraire, les en dispenser·
virtuellement tous les deux, dans le cas de continuation de la société d'acquêts. Le texte ne sou-

(2) Orléans 22 novembre 1850. — Duranton t. 1ᵉ nᵒ 459.

mettant aucun des deux époux à cette obligation, il n'est pas permis de la leur imposer. Le législateur a, sans doute, voulu encourager l'époux présent à se charger de la continuation de la société d'acquêts, en la lui rendant ainsi plus facile (1).

Le mari et la femme sont tenus de faire inventaire, non seulement des biens personnels de l'absent, mais encore des biens composant la société d'acquêts. Cette obligation de dresser un inventaire existe incontestablement à la charge du mari, acquérant l'administration des paraphernaux. Mais est-il tenu d'inventorier les biens dotaux ? Nous ne le pensons pas : car ils sont indiqués dans le contrat de mariage, ou dans les inventaires que le mari a dû faire des successions échues à la femme avant sa disparition ou ses dernières nouvelles, lorsqu'elle s'était constituée en dot tout ou partie des biens à venir. Du reste, il faut *mutatis mutandis* appliquer, à l'hypothèse d'une société d'acquêts réunie au régime dotal, les règles admises à l'égard de la communauté légale ordinaire, pour les cas d'absence de l'un des époux.

La troisième période de l'absence est celle de l'envoi en possession définitif. A ce moment, aucun obstacle résultant des conventions matrimoniales ne peut arrêter le cours des envois en possession. Nous ne parlons pas évidemment de l'hypothèse où les époux avaient adopté le régime dotal pur : car la dot a dû être restituée dès la déclaration d'absence. Mais dans le cas où une société d'acquêts avait été convenue, la dissolution de cette

(1) Aubry et Rau t. 1e p. 155, Demolombe n° 283. Marcadé sur l'art. 124, Valette et Proub'hon t. 1e p. 317.

communauté s'opère définitivement. Les envoyés peuvent contraindre l'époux présent à la liquidation et au partage. La femme étant absente, le mari qui avait opté pour la continuation de la communauté, sera tenu de restituer la dot et les paraphernaux aux envoyés en possession définitifs. Si plus tard, l'absent reparait ou s'il est prouvé qu'il n'est mort que depuis l'envoi définitif, la société d'acquêts est réputée n'avoir jamais été dissoute ou avoir duré effectivement jusqu'à l'époque du décès. Le retour de la femme absente obligera, en outre, les envoyés en possession définitifs à rendre la dot au mari. Mais ils peuvent l'avoir dissipée. Proudhon déclare le mari dispensé de la rendre désormais (1). C'est bien évident : le mari l'a déjà restituée légalement, il ne peut être obligé de la rendre deux fois, il en est irréparablement privé par le fait des héritiers présomptifs de la femme (art. 132). Le législateur n'a pas prévu les diverses conséquences des pouvoirs accordés aux envoyés en possession définitifs. La reconstitution de la société d'acquêts, la restitution de la dot au mari, présentent cependant de graves difficultés pratiques dans l'hypothèse du retour de l'absent. Heureusement de tels événements sont assez rares et le deviennent de plus en plus avec la facilité chaque jour plus grande des communications, dues aux découvertes de la science moderne.

4° La dot doit être restituée, lorsqu'il y a séparation de corps ou de biens. La séparation de biens peut être demandée par la femme dont la dot est mise en péril, lorsque le mari détériore les biens dotaux ou les siens propres, sur lesquels porte l'hypothèque légale de la

(1) Proud'hon I p. 223

femme, de manière à ce que ses biens soient iusuffi-
sants pour remplir la femme de ses reprises contre
lui, et dans tous les cas où la position pécuniaire du
mari présente un désordre de nature à mettre en danger la conservation de ses droits actuels ou éventuels .
Les juges ont sur cette question de fait une entière
liberté d'appréciation. Nous n'examinerons ni la procédure à suivre pour obtenir la séparation, ni les conditions de publicité exigées par la loi, ni la portée de
l'effet rétroactif du jugement ; cette étude sort du cadre
de notre sujet. Indiquons seulement les conséquences
de la restitution de la dot après la séparation de biens.
La distinction des biens de la femme en dotaux et en
paraphernaux continue de subsister dans son intégrité .
Les immeubles dotaux sont tout aussi inaliénables
qu'ils l'étaient auparavant ; la femme séparée ne peut
renoncer à ses reprises dotales, ni en compromettre,
par des cessions ou d'autres actes, le remboursement
intégral (1) .

Bien, qu'en principe, la séparation de biens ne
modifie pas la dotalité et les effets qui s'y trouvent
attachés, les immeubles dotaux deviennent prescriptibles à partir de la séparation de biens (art. 1561.)
La femme, reprenant l'exercice de ses actions dotales,
ne peut plus être dépouillée à son insu et sa négligence à exercer ses droits devient dès lors inexcusable. Néanmoins, malgré la séparation de biens,
la prescription resterait suspendue, et ne commencerait à courir qu'après la dissolution du mariage, si

(1) Cass. chamb. réunies 14 novembre 1846 et cass. 29
juillet 1862. 13 décembre 1865 et 12 mars 1866.

l'action de la femme devait rejaillir contre le mari
(art. 2256.)

La femme séparée reprend la jouissance et la libre
administration de ses biens dotaux ; elle se trouve in-
vestie des pouvoirs qu'avait le mari en qualité d'administrateur de la dot. Elle peut, par conséquent, recevoir valablement le remboursement de ses reprises
et de ses capitaux, sans être tenue de justifier d'un
emploi, si le mari avait le même droit. Si, au contraire,
le contrat de mariage n'autorisait le mari à recevoir
la dot qu'à charge d'emploi, la femme ne peut exiger
le paiement de ses créances dotales que sous la même
condition. La première partie de cette solution est
vivement contestée. L'ancienne jurisprudence des pays
de droit écrit avait admis que la femme ne pouvait
toucher le capital de sa dot qu'à la charge d'emploi,
de bail à caution ou d'autres sûretés équivalentes.
(Julien, *statuts* de Provence t. 1er p. 570. — Salviat
jurisprud. du parlt. de Bordeaux, p. 195). Quelques arrêts et quelques auteurs, parmi lesquels
Tessier qui a écrit sur ce sujet une rigoureuse dissertation ont voulu faire revivre cet ancien principe
(1). Le régime dotal, ont-ils dit, serait incomplet,
si la femme pouvait, comme le mari, toucher les
capitaux dotaux sans être tenue d'en faire emploi.
Le but de la séparation qui est la conservation de la
dot serait manqué, si on laisse à la femme le moyen
de la dilapider. Quoique séparée, la femme est tenue
de certaines obligations, de contribuer aux frais du

(1) Tessier *questions* n° 115 : de la dot note 550. — Benoit
n° 321. -- Benech. n° 137 et 138. -- Limoges 14 juillet 1847.
Agen, 9 février 1849.

ménage, d'entretenir les enfants communs ; peut être
le mari a-t-il des gains de survie qui s'évanouiraient
par la dissipation de la dot. Les intérêts de la famille seraient désormais privés de toute garantie, tandis
que l'hypothèque légale les protégeait contre les dila-
pidations du mari.

Mais ces considérations n'ont pas paru suffisantes
à la cour suprême et à plusieurs cours d'appel pour
imposer à la femme, une obligation d'emploi qui
n'est établie ni par la loi, ni par le contrat de
mariage. La cour proclame que le droit de la femme,
quant à la réception de la dot, est le même que
celui du mari. Et comme quelques auteurs estimables avaient admis que le tribunal, en prononçant la
séparation, peut imposer l'emploi à la femme et que
cette mesure est obligatoire pour les tiers, présumés
en avoir eu connaissance, la cour régulatrice repousse
formellement cette doctrine dans le dernier arrêt,
rendu sur la question.

Elle y déclare nettement que le jugement de séparation ne peut imposer l'obligation d'emploi et modifier ainsi la situation et les pouvoirs d'administration de la femme. Une pareille disposition ne peut
engager la responsabilité des tiers, à l'égard desquels
les conventions matrimoniales sont immuables. Nous
ajouterons que cette immutabilité des conventions existe
aussi à l'égard des époux et ne peut pas davantage
être modifiée dans leurs rapports réciproques. Du
reste, le système de garantie organisé par le régime
dotal est surtout dirigé contre la mauvaise administration du mari et contre l'abus de son influence
sur la femme, pour obtenir le concours de celle-ci

à des actes contraires à l'intérêt de la famille. Après la séparation, le législateur a considéré cet intérêt comme suffisamment protégé par l'inaliénabilité de la dot mobilière ou immobilière (1). Le code de procédure civile de Genève, art. 668, impose, au contraire, à la femme séparée l'obligation de faire emploi. Mais si, en France, cette nécessité ne peut être opposée à la femme, celle-ci peut valablement se soumettre, en traitant avec le mari lors de la restitution, à faire de ses deniers dotaux tel emploi non prescrit par le contrat de mariage, quand cette stipulation a le caractère d'une mesure de conservation dictée par l'intérêt bien entendu des époux et de la famille (2).

Mais nous nous séparons de la cour suprême, sur la question de savoir, si la femme dotale, séparée de biens, peut céder ses créances dotales. La cour admet, par ses arrêts les plus récents, que le mari peut aliéner par voie de cession, transport, les créances dotales de sa femme, et tout à la fois, refuse la même faculté à la femme séparée. Que devient alors le principe, que la femme séparée se trouve, à l'égard de la dot, dans une situation semblable à celle du mari avant la séparation ? Il n'y a pas de milieu ; il faut, avec notre savant maître, M. Rodière, admettre que ni le mari, ni la femme séparée, ne peuvent céder les créances dotales, ou que la femme et le mari le peuvent également. Le premier sentiment nous parait plus conforme à l'esprit et au but du régime dotal.

---

(1) Duranton XV n° 488. -- Merlin ques questions. Vᵉ remploi n° 10. -- Aubry et Rau p. 539. -- Paris 14 janvier 1856. -- Caen 17 juillet 1858. -- Nimes 3 dec. 1859 Pau 13 juin 1866. -- cass. 21 mai 1867 et 26 juillet 1869.

(2) Cass. 13 décembre 1865.

Permettre au mari d'aliéner directement les valeurs mobilières dotales, c'est laisser la dot de la femme sans aucune protection, quand le mari ne possède pas d'immeubles suffisants , ce qui est un cas fréquent (1).

Le principe d'inaliénabilité de la dot n'étant pas modifié par la séparation de biens, les obligations, contractées par la femme même après la séparation, sont, quand aux droits de poursuite des créanciers, soumises aux règles générales du régime dotal (2),

Les revenus et fruits de la dot peuvent être saisis à concurrence de l'excédant sur les besoins de la famille, quand il s'agit des dettes contractées par la femme, depuis la séparation de biens, dans les limites de ses droits. A l'égard des obligations contractées avant la séparation, même avec l'autorisation du mari, on admet généralement que les revenus des biens dotaux ne peuvent être saisis en totalité après la séparation, pour l'acquittement de semblables dettes. Mais une vive controverse s'est élevée sur le point de savoir, si les revenus postérieurs à la séparation ne peuvent pas être saisis, par les créanciers antérieurs de la femme, jusqu'à concurrence de la portion excédant les besoins du ménage. La négative nous parait préférable, comme plus conforme au caractère du régime dotal, dont l'objet essentiel est de faire retrouver à la femme ou à ses héritiers la dot franche et libre de tous engagements antérieurs à la séparation de biens ou à la dissolution du mariage.

(1) Rodière et Pont n.ᵒˢ 1773 et 1776. -- voir cass. 29 août 1848, 18 février, 1ᵉ décembre 1851, 26 mars 1855, 6 décembre 1859 et 1 août 1866.

(2) Douai 24 juillet 1865.

L'opinion contraire arrive à ce résultat, qu'au cas de dissolution par la mort de la femme, l'intégralité des revenus pourrait, par suite de la cessation du ménage, être saisissable pour dettes contractées pendant le mariage, résultat inconciliable à nos yeux avec le but et l'esprit du régime dotal (1).

CHAPITRE II

De l'époque de la restitution.

En l'absence de conventions spéciales, contenues dans le contrat de mariage, la restitutiou des objets dotaux, dont la femme a conservé la propriété, peut être exigée immédiatement après la cessation de la jouissance du mari (art. 1564). La femme ou ses héritiers ne peuvent se mettre eux-mêmes en possession des biens dotaux. Si le mari ne restitue pas volontairement, une demande en justice est nécessaire. Ce point est certain en droit romain et dans la jurisprudence des pays de droit écrit. Despeisses dit formellement que la femme ne pouvait se remettre en possession de sa propre autorité : elle devait ob-

(1) Rodière et Pont n° 1765. -- Odier, de la dot n° 1368. -- Aubry et Rau p. 538. Cass. 4 novemnre 1846. 12 août 1847 15 mars 1853, 28 juin 1859, Chambres réunies 7 juin 1864. -- Douai 27 juillet 1853. -- Paris 5 aôut 1859. -- contra Troplong n° 3302 et s. Marcadé, art. 1554. -- Tessier qnestions. Paris 7· mars 1851 et 15 juillet 1856. -- Montpelier 10 juillet 1860.

tenir l'autorisation du juge. La coutume d'Auvergne s'écartait du droit commun. Son article 10 du titre XIV était ainsi conçu : « Biens dotaux retournent à « la femme ou à ses héritiers, le mariage dissolu, et « en est la dite femme, quant aux immeubles, saisie ou « ses héritiers, sans autre appréhension de fait ». Les coutumes du Bourbonnais et de la Marche contenaient de semblables dispositions. De nos jours, le mari ou ses héritiers conservent la possession et la femme doit les poursuivre par voie d'action.

La restitution de la dot ne peut, au contraire, être exigée qu'un an aprés la dissolution du mariage : 1° lorsque la dot a été constituée en argent : 2° lorsque des choses fongibles ont été remises en dot au mari, devenu propriétaire par suite du quasi-usufruit auquel ces choses sont soumises à son profit : 3° Dans le cas où les objets mobiliers dotaux ont été livrés au mari avec estimation : 4° si des immeubles ont été livrés au mari, avec la déclaration que l'estimation en opérerait aliénation à son profit. Dans ces hypothèses, le mari est devenu propriétaire des biens estimés et débiteur vis-à-vis de sa femme du montant de l'estimation. Le même délai est encore accordé au mari pour la restitution du prix des objets dotaux, valablement aliénés en vertu d'une clause du contrat de mariage ou de son droit d'administration. L'article 1565 ne parle, il est vrai, que des meubles mis à prix par le contrat. Mais la disposition de ce texte doit être étendue à ces diverses hypothèses ; car le motif d'équité, qui lui sert de base, existe toutes les fois que le mari se trouve dans l'impossibilité de rendre en nature les objets dotaux. Dans tous ces cas, en effet, le mari ou ses héritiers sont débiteurs de quantités qu'ils peuvent ne pas avoir à leur disposition; la loi leur accorde un délai d'un an pour leur permettre de se mettre en mesure d'acquitter leur obligation. Au contraire, quand la dot consiste en corps certains et déterminés, ou comprend qu'aucun délai ne soit accordé au mari ou à ses héritiers ; non seulement la restitution immédiate est possible, mais ils n'ont aucun motif avouable pour s'y refuser.

La disposition de l'art. 1565 est inapplicable, lorsque la restitution de la dot devient exigible par l'effet de la séparation de biens Dans ce cas, la femme ou ses héritiers peuvent immédiatement réclamer la remise en nature ou le paiement de la valeur de tous les objets dotaux sans distinction . La cause de séparation se trouvant dans le péril couru par la dot, il importe à la femme d'obtenir le plus tôt possible son paiement . En outre, l'article 1444 l'oblige à réclamer par des poursuites non interrompues la restitution de sa dot, dans la quinzaine du jour du jugement . Mais le délai établi par l'article 1565 appartient au mari ou à ses héritiers dans le cas de séparation de corps ou de déclaration d'absence . Le danger n'existe pas et nulle raison n'autorise à exiger la restitution immédiate (1). Celle-ci peut être demandée, au contraire, quand la femme vient réclamer sa dot, en invoquant le legs que lui en a fait le mari. L'avantage de cette libéralité consiste dans la restitution immédiate .

Bien que la dot restituable en argent ne puisse être

_____

(1) Rodière et Pont n° 1913. Aubry et Rau, p. 540.

exigée avant l'expiration de l'année, elle peut néanmoins être demandée avant l'arrivée du terme . Ainsi,
si lors de la dissolution du mariage la dot n'est pas
liquidée, la femme a le droit de citer le mari ou ses
héritiers en justice, pour faire procéder à cette liquidation . Lui refuser cette faculté serait accroitre le délai
accordé par la loi, puisqu'après avoir subi un premier
retard d'un an, la femme devrait encore attendre pendant toute la durée de son procès en liquidation, durée
que l'habileté de l'avoué du mari pourrait prolonger.
Mais si la liquidation était opérée avant l'expiration de
l'année, le jugement ne pourrait être exécuté qu'après
cette époque . Lorsque la dot est liquide, la femme peut
en exiger la restitution par voie parée après l'expiration
de l'année . S'il en était autrement, la femme serait
obligée de subir un nouveau délai : il ne serait pas
exact de dire que la dot est restituée à l'expiration
d'une année .

Le délai accordé par l'article 1565 se rapproche
plus du délai de grâce que du délai de droit ; par
suite, le mari ou ses héritiers en sont déchus dans
tous les cas énumérés par l'article 124 du code de
procédure civ ; dont la disposition est plus étendue
que celle de l'article 1188 du cod, civ.. Les juges
pourront accorder un délai supplémentaire. Pourquoi refuser au mari débiteur de la dot tous les
ménagements, qui, conformes aux principes généraux du droit, ne mettent pas néanmoins la dot
en péril.

Ce délai pourra-t-il être restreint ou prolongé
dans le contrat de mariage ? Nous avons indiqué,
dans notre première partie, l'état du droit romain

sur ce point. Dans le droit actuel, une semblable
convention n'a rien de contraire à l'ordre public.
Consentir à restituer la dot, avant l'expiration du
terme fixé par la loi, vaut mieux pour le mari que
de voir la femme se réserver ses biens comme
paraphernaux. A l'inverse, la prolongation du délai
accordé au mari n'est incompatible, ni avec l'ordre
public, ni avec les bonnes mœurs ; elle peut être
commandée par les circonstances, si les sommes
dont le mari se trouvera débiteur, lors de la restitution de la dot, sont fort importantes. C'est alors un
acte de déférence que la femme accomplit à l'égard de
son futur mari, en consentant à ne pas lui imposer
une obligation trop difficile à exécuter. Les héritiers
du mari sont tenus de restituer immédiatement la
dot consistant en choses fongibles, lorsque le mari
l'a léguée purement et simplement à sa femme.
Celle-ci n'est pas tenue d'exiger sa dot à l'expiration de l'année ; elle jouit, comme tout créancier,
du délai fixé pour la prescription, de trente ans.

CHAPITRE III.

Des personnes qui peuvent exiger
cette restitution et de la preuve
de la reception de la dot

La dot doit être restituée à la femme ou à ses héritiers. Dans le droit actuel, le mari ne gagne plus la dot,
même quand la femme vient à mourir la première.
D'après le droit commun des pays de droit écrit, les
biens donnés entre vifs, pour cause de dot, par des as-

cendants, leur faisaient retour en cas de prédécès du donataire et de sa postérité. Le droit de *réversion* équivalait à la réserve expresse que le donateur aurait faite de la chose donnée en cas de survivance. « Il est fondé, « disait Furgole, sur une stipulation tacite, inhérente à « la donation ; et les biens donnés reviennent de plein « droit, *veluti quodam jure postlimini* » (1). Dans le ressort des parlements de Toulouse, de Grenoble et de Bordeaux, le retour était accordé au donateur, nonobstant toutes dispositions testamentaires ou autres. Imitée du retour de la dot profectice en droit romain, cette reversion s'en écartait en deux points : elle était accordée aux ascendants maternels ; elle était restreinte au cas où la fille donataire décédait sans postérité. Dans les pays de coutume, ce retour légal avait le caractère d'un droit successif, qu'il a conservé dans la législation actuelle. Si la femme est décédée sans postérité, l'ascendant, donateur de corps certains et déterminés, les reprend par préférence à tous autres héritiers, s'ils se retrouvent en nature dans la succession de la femme, art. 747. C'est à lui que le mari doit en faire la restitution. Donateur d'une somme d'argent ou de choses fongibles, l'ascendant ne jouit pas de ce droit de retour légal.

Au contraire, toute dot, quelle que soit sa composition, doit être, dans le cas de prédécès de la femme et de ses enfants, restituée à l'auteur de la constitution, si,

---

(1) Furgole. quest. 42 sur l'ordonn. de 1731. -- Ricard des donations 3e part no 766. -- Ferrieres, institutes contum. t. 2. p. 552. -- Salviat p. 205. -- Merlin questions Vo réversion,

conformément aux articles 951 et 952, il s'est réservé
le droit de retour des objets donnés. Cette clause est
généralement stipulée dans tous les pays où le régime
dotal est en honneur.

La femme, quoique mineure à l'époque où il y a lieu
à la restitution de la dot, est en droit de l'exiger. Si la
dot consiste en un capital mobilier, elle ne pourra le recevoir et en donner décharge qu'avec l'assistance d'un
curateur. Ainsi le décidaient, dans l'ancien droit, Fro-
mental et Despeisses contre Rousilhe (1).

La femme, séparée de biens, devra faire emploi des
sommes dotales que lui remet le mari, dans le cas où
celui-ci ne pouvait, d'après le contrat de mariage, recevoir les créances dotales qu'à charge d'emploi. Le mari
pourra se refuser à s'acquitter entre les mains de la
femme, tant que celle-ci ne justifiera pas d'un emploi
régulier. Nous avons déjà dit, que le tribunal, en prononçant la séparation de biens, ne pourrait pas imposer à la femme l'obligation de faire emploi des valeurs
mobilières dotales.

Le legs, fait par le mari à sa femme, n'est pas un obstacle à ce qu'elle réclame, indépendamment de ce legs,
la restitution de sa dot, sauf le cas où le legs lui serait
fait expressément pour lui tenir lieu de dot. Le legs fait
à un créancier n'est pas réputé fait en compensation de
sa créance. (Art. 1023). La veuve peut réclamer, si la
dot est mobilière, deux valeurs, l'une à titre de legs,
l'autre à titre de créance.

Le mari peut avoir légué la dot purement et simplement. Si la dot consiste en une créance, les héritiers du

(1) Despeisses *dot* sect. 3 n° 87.

mari seront obligés de payer sans délai : ils ne pourront invoquer l'article 1565. Si la dot est immobilière, la femme en étant restée propriétaire, le legs ne peut porter évidemment sur le fonds dotal lui-même; faudra-t-il dire que le mari a entendu lui léguer une somme égale à la valeur des immeubles dotaux ? Non, le legs est nul de nos jours, quant au fonds lui-même, comme legs de la chose d'autrui, art. 1021. Mais il vaudra en ce sens que le mari sera considéré comme ayant légué à sa femme les fruits de ce fonds, qui, en l'absence du legs, devraient être acquis à ses héritiers. La femme aura donc droit à la totalité des fruits pendants par racines, quand même la durée du mariage pendant la dernière année autoriserait les héritiers du mari à réclamer une portion des fruits. En outre, elle ne serait pas tenue de rembourser à ces héritiers les frais de labour et de semences faits à l'occasion de la récolte pendante. Nous croyons aussi qu'elle ne devra rien restituer aux héritiers du mari pour les améliorations et les réparations même nécessaires, faites sur l'immeuble dotal.

Il peut arriver que le mari, après avoir légué à la femme sa dot, ne l'eut point encore reçue lors de la dissolution du mariage. La femme pourra-t-elle réclamer une somme égale à celle qui lui avait été promise en dot? Non, à moins que les termes du testament ne dénotent nettement une intention contraire. Quel sera l'effet d'un pareil legs ? Nous pensons, avec notre honorable maître, M. Rodière, qu'il aura pour résultat de faire supporter aux héritiers du mari l'insolvabilité du débiteur de la dot (1).

(1) Rodière et Pont n° 1962 et 1963.

Pour être en droit de réclamer la restitution de la dot, la femme ou ses héritiers ne doivent pas seulement justifier de la constitution de la dot. Ils doivent, en outre, prouver que le mari a reçu la dot et la consistance des biens dotaux. C'est l'application du principe général, *onus probandi incumbit actori*. Comment se fera cette double preuve? Un acte écrit est-il indispensable, lorsque le montant de la dot dépasse cent cinquante francs ? La preuve peut-elle, au contraire, être faite par témoins ou par présomption, quelle que soit l'importance de la dot.

Pour répondre à ces questions, une double distinction doit être faite. La dot peut avoir été constituée par la femme ou par un tiers, par exemple, un de ces ascendants: dans ce dernier cas, la dot peut être réclamée ou par la femme, ses héritiers, ou par le donateur qui s'est réservé le droit de retour.

Quand la dot a été promise par un tiers et que la restitution en est réclamée par la femme ou par ses héritiers, en l'absence du droit de retour, on ne saurait exiger des réclamants une preuve écrite de la réception de la dot. L'article 1341 ne soumet en effet à l'obligation de rapporter une preuve écrite que la personne qui a eu la faculté de se la procurer; or, quand la femme n'est pas l'auteur du paiement, il n'est pas en son pouvoir de le faire constater par un acte écrit, authentique ou sous seing privé. Le paiement est un fait auquel elle est entièrement restée étrangère. Tous les genres de preuve doivent lui être accordés, puisqu'il n'a pas dépendu d'elle d'obtenir une preuve écrite. Elle pourra donc, par témoins ou même à l'aide de simples présomptions, en l'absence même de tout commencement de preuve par écrit, établir la réception de la dot et de sa consistance.

La femme est même dispensée de prouver la réception de la dot par le mari, lorsque le mariage a duré dix ans depuis l'époque de l'exigibilité de la dot, et que, pendant ce laps de temps, l'action en paiement est restée ouverte au profit du mari. Cette disposition principale de l'article 1569 n'a pas été tirée, comme le supposent quelques auteurs, de l'interprétation donnée à la la Novelle 100 dans le ressort du parlement de Paris. Cette règle à été, en réalité, puisée dans la loi 33 *de jure dotium* et dans la jurisprudence du parlement de Toulouse. En s'attachant à cette origine, l'art. 1569 nous paraitra fondé, non sur une véritable présomption de réception de la dot établie contre le mari, mais plutôt sur sa négligence et sur la supposition qu'il aurait pu se faire payer, s'il avait agi en temps utile. Mais comment ce texte doit-il se combiner avec l'article 1562 qui rend le mari responsable de toutes détériorations de la dot, survenues par sa négligence? L'art. 1569 n'a évidemment pas pour objet de déroger à l'art. 1562. Comme le remarque M. Rodière, déclarer le mari responsable de la dot de sa femme, dans le seul cas où dix années se sont écoulées depuis l'exigibilité, sans réclamation de sa part, serait commettre une grossière erreur. Dès qu'il y a eu négligence de la part du mari, il est responsable de l'insolvabilité du débiteur de la dot, quoique cette insolvabilité se soit produite peu de temps après l'exigibilité. Mais dans cette hypothèse, conformément aux principes généraux, la preuve de négligence doit être fournie par la femme. Le mari peut être excusé toutes les fois que des motifs sérieux l'ont empêché d'exiger

le paiement de la dot immédiatement après l'échéance.
De même, la femme ne pourra réclamer la restitution
d'une dot constituée en avancement d'hoirie, lorsque le
constituant est décédé dans les les dix années et que la
femme s'est trouvée appelée à sa succession. Le décès
en pareil cas, a éteint l'action en paiement du mari
contre le débiteur. La femme ne peut demander un bien
ou une valeur déjà entré dans son patrimoine. La réclamation de la femme est encore inadmissible, lorsque la
séparation de biens a été prononcée avant l'expiration
des dix années. La femme a recouvré l'exercice de ses
actions : c'est elle qui est en faute, si la dot n'a pas été
payée par le tiers constituant. (1)

Après l'expiration du délai de dix années, la négligence du mari est présumée, et cette présomption existe,
même à l'égard de ses créanciers, au profit de la
femme (2). La femme n'a rien à prouver et le mari ne
peut être excusé sous le prétexte que la qualité du constituant exigeait des égards.

La disposition de l'article 1569 est exclusivement applicable à la femme, à ses héritiers ou à ses créanciers,
lorsqu'ils exercent les droits de leur débitrice, conformément à l'article 1166. Un arrêt du Parlement de
Paris, du 20 août 1661, avait refusé aux créanciers
cette faculté et cette solution, non motivée du reste,
avait été adoptée par Bouyon et par Roussilhe (3) elle

(1) Riom, 20 juin 1857. — Grenoble 25 avril 1651. —
Rodière n° 1922. — contra. Nimes 23 mars 1826.

(2) Nimes 23 mars 1856.

(3) Bourjon droit commun p. 474. Rousilhe de la dot t.
1° p. 100.

est inacceptable aujourd'hui. L'article 1569 n'a pas pour objet d'établir en faveur du constituant de la dot une prescription spéciale : l'action, qui compète au mari contre lui, n'est soumise qu'à la prescription trentenaire : les débiteurs de la dot ne peuvent établir leur libération que d'après les règles du droit commun (1).

Quelques auteurs ont voulu distinguer, pour l'application de l'article 1569, entre la dot mobilière et la dot immobilière ; néanmoins ce texte nous paraît s'appliquer à tous les cas. Vainement dit-on que le mot paiement, employé deux fois dans l'article, s'applique plus naturellement à la dot mobilière. Ce mot est pris ici dans un sens large et comme synonyme d'accomplissement de l'obligation. Les immeubles étant moins sujets au dépérissement que les meubles, la femme, à laquelle il a été constitué une dot immobilière, aura souvent peu d'intérêt à invoquer la disposition de notre texte. Mais si l'immeuble a péri ou a été dégradé par la faute du constituant détenteur, devenu insolvable, l'intérêt de la femme apparaît et la négligence du mari est tout aussi inexcusable que dans le cas de dot mobilière. Cependant, comme dans le cas de séparation de biens, la réclamation par la femme d'une indemnité, basée sur l'article 1569, pourrait dissimuler une fraude au principe que la dot ne peut pas être modifiée pendant la durée du mariage, les tribunaux devront veiller à ce que cette réclamation ne déguise pas une aliénation prohibée.

Dans le cas où la dot est payable en plusieurs ter-

(1) Marcadé art. 1569. -- Troplong IV 3665. -- Rodière n° 1923. -- Aubry et Rau § 540.

mes, le délai de dix années commence-t-il à courir de
chacun d'eux en particulier ou seulement de l'expiration
du dernier ? Dans notre ancien droit, Roussilhe, et sous
l'empire du code, Toullier, ne font courir les dix années
qu'à partir de l'expiration du dernier des termes pris
pour le paiement de la dot. Mais la majorité des commentateurs du code civil repoussent cette solution et admettent que, dans cette hypothèse, les dix années exigées par l'article 1569 courent, à partir de l'échéance
de chaque terme, à l'égard de chaque portion de la dot
payable à chacun de ces termes. Ne faire courir, comme
Toullier, ces dix ans qu'à compter de l'échéance du
dernier des termes pris pour le paiement de la dot,
ce serait oublier, dit M. Tessier, que la disposition de
l'article précité a été déterminée par la faveur de la
dot, et qu'elle est toute dans l'intérêt de la femme.
D'autre part, on ne peut faire courir le délai de l'é-
chéance du premier terme que pour la portion alors
exigible. Les autres parts n'étant pas encore dues, on
ne peut reprocher au mari d'avoir été négligent envers
un débiteur qu'il ne pouvait poursuivre (1).

La présomption de négligence, établie par la loi contre le mari est du nombre de celles qui peuvent être
détruites par la preuve contraire. Le mari, qui justifie
de diligences inutilement faites avant l'expiration des
dix années ponr obtenir le paiement de la dot, n'est
pas responsable envers la femme.

---

(1) Dalloz. Jurispr. générale. -- Duranton t. 15 n° 566
-- Marcadé art. 1569. -- Tessier t. 1e note 281. Pothier oblig.
n° 679. -- Rodière et Pont n° 1928. -- Bellot des Minieres t.
4 p. 259. -- Aubry et Rau p. 540. -- civ. rejet 29 aôut 1838
etc. -- contra Roussilhe t. 1 p. 100. -- Toullier t. 14 n° 326.

Que faut-il entendre par le mot *diligences?* Tout acte de poursuite sera-t-il suffisant? Evidemment non : un simple commandement, une saisie même, non suivie de vente, ne pourraient pas suffire pour exonérer le mari. D'un autre côté, une procédure d'exécution forcée, même menée à sa fin avant dix ans n'affranchira pas toujours le mari de toute responsabilité. La femme pourra toujours prouver la négligence antérieure du mari ; mais la procédure d'exécution est suffisante pour écarter la présomption légale de l'article 1569. Au fond, cette question est un point de fait livré à l'appréciation du juge, qui devra tenir compte des égards dûs au débiteur de la dot, en sa qualité d'ascendant, de l'état de fortune de ce débiteur au moment de l'exigibilité et dans le temps qui a suivi. Ainsi, si l'insolvabilité du débiteur était notoire, pourrait-on rendre le mari responsable de n'avoir pas accompli des procédures inutiles, dont le fardeau retomberait en définitive sur la femme? La faillite du débiteur, s'opposant à toute mesure d'exécution forcée, doit, si elle est survenue avant l'expiration des dix ans, faire écarter aussi l'application de l'article 1569. La femme pourra demander à prouver que le mari est en faute de n'avoir pas reçu certains dividendes ou de n'avoir pas poursuivi rigoureusement le débiteur avant la cessation de ses paiements. Si la dot n'était exigible qu'à la charge de fournir une caution ou d'autres sûretés, le mari, pour échapper à la présomption légale, devra prouver qu'il a fait, dans les dix années, des démarches inutiles pour se procurer la caution exigée.

Si le tiers constituant a stipulé le droit de retour de la dot par lui donnée, il devra, pour obtenir la restitution, dans le cas de prédécès de la femme ou de ses enfants, prouver par écrit au-delà de 150 francs qu'il a effectivement remis la dot au mari. Il ne pourra évidemment pas invoquer la présomption spéciale de l'article 1569, écrite pour protéger la femme contre la négligence de son mari.

Dans l'hypothèse où la dot a été constituée par la femme elle-même, la preuve de la réception de la dot, lorsqu'elle est supérieure à 150 francs, ne peut être faite qu'à l'aide d'une quittance donnée par le mari, soit dans le contrat de mariage lui-même, soit dans un acte authentique ou sous seing privé postérieur à ce contrat. Cette solution est contestée par quelques auteurs. MM. Rodière et Pont admettent que la preuve testimoniale est admissible; la femme, disent-ils, ne peut pas toujours exiger une quittance; la loi elle-même suppose, dans l'article 1579, que le mari peut quelquefois se mettre despotiquement et malgré la résistance de la femme en possession même des paraphernaux. Or, si le mari s'est ainsi payé de la dot de ses propres mains, la femme, qui n'a pu empêcher l'usurpation du mari, n'a pu non plus retirer une quittance des valeurs par lui touchées. Cette circonstance même mise à part, ces auteurs déclarent encore la femme excusable, lorsque, confiante, elle a remis spontanément la dot sans exiger de quittance. Ne serait-il pas immoral que le mari pût tirer avantage contre sa femme de la confiance que celle-ci a eue en lui? La femme n'a pas demandé de quittance parce qu'elle n'en a pas vu la nécessité. Le mari devait la lui faire comprendre; en ne le faisant pas, il a manqué à une de ses obligations, comme administrateur de la dot ; cette espèce de quasi-délit doit autoriser la preuve testimoniale (1).

Malgré la juste autorité, qui s'attache aux opinions de ces estimables auteurs, nous ne pouvons admettre cette solution . Si les raisons invoquées étaient concluantes, l'article 1341 deviendrait facilement une lettre morte . Il n'est pas exact de dire que la femme, qui a constitué elle-même la dot, ne puisse pas toujours exiger une quittance . La dépendance légale, dans laquelle la femme est placée, ne peut, par elle seule justifier l'application de l'article 1348 . A nos yeux la preuve testimoniale n'est exceptionnellement admissible que lorsque par suite de dol, de violence ou d'abus de la puissance maritale, la femme s'est trouvée dans l'impossibilité d'obtenir une quittance de son mari . En outre, nous ne pouvons comprendre comment le mari s'est rendu coupable d'un quasi-délit, en omettant de donner à la femme une quittance de la dot reçue. Pour pouvoir reprocher au mari ce fait dommageable, la femme devrait avant tout prouver le fait du paiement de la dot . Sans ce paiement, le quasi-délit ne peut pas exister car le fait du paiement est un élément constitutif du délit qui consiste à n'en pas donner quittance ; or on ne peut, pour prouver le paiement par témoins, invoquer un quasi-délit qui suppose ce paiement effectué (2) .

Si la femme ne peut, en l'absence d'un commencement de preuve par écrit, prouver, par témoins ou par simple présomption, la réception par le mari de

(1) Rodière et Pont n° 1917. -- Teissier t. 2 p. 248. -- Tollier t. 5, p. 353.

(2) Benoit t. 2 p. 132. -- Aubry et Rau p. 540.

la dot pécuniaire par elle promise, l'acte qui la cons-
tate peut être authentique ou sous seing privé. De
tous les actes authentiques, le plus probant est le
contrat de mariage : s'il porte quittance de la dot, il
fait preuve pleine et entière du paiement. Il en est de
même de toute quittance en forme authentique
donnée pendant le mariage.

Dans l'ancien droit, plusieurs distinctions étaient
faites relativement aux quittances de dot, données
pendant le mariage. Lorsque la constitution de dot
était particulière, la quittance donnée par le mari,
quoique ne mentionnant pas la *numération réelle des
espèces*, était suffisante pour que la femme pût prétendre exercer, contre les créanciers du mari pos-
térieurs au contrat et contre les héritiers, la reprise
des sommes reconnues. Au contraire, lorsque la constitution de dot était générale, la quittance, fournie
pendant le mariage, ne faisait preuve, contre les créanciers du mari, du paiement des sommes reconnues,
que par la mention de la *numération réelle des espèces*
en présence des notaires, ou, à défaut de mention,
que si la femme justifiait de l'origine des deniers.
Mais cette quittance permettait à la femme d'exercer ses
reprises contre les héritiers du mari ; car elle valait
comme donation à cause de mort, et dans les pays de
droit écrit, toutes donations entre époux étaient con-
firmées, lorsque le donateur mourait sans avoir changé
de volonté (1). Toutes ces distinctions sont sans
valeur sous le code civil, art. 1132.

(1) Julien, éléments de jurisprudence. — Merlin *repert.* V°
dot p. 3 — Ricard des donations n°ˢ 25 à 33. — Cambolas p.
268. — Despeisses, dot, sect. 3 n° 28 etc.

Mais la quittance de dot peut être attaquée pour cause de dol, de fraude ou de simulation par les parties intéressées. Par ces mots, il faut entendre, les héritiers à réserve du mari, lorsque les sommes frauduleusement quittancées dépassent la quotité disponible ; les enfants d'un premier lit du mari si les sommes excèdent le disponible spécial de l'art. 1098 ; les créanciers antérieurs du mari, dont les droits sont atteints par la quittance frauduleuse art. 1167. — Le mari, lui-même sera-t-il recevable à arguer de simulation la quittance donnée à sa femme de la dot qu'elle s'était constituée ? Merlin, dans ses *questions de droit*, répond par les distinctions suivantes. Le mari ne peut attaquer, pour cause de simulation, la quittance qu'il a donnée dans le contrat de mariage, ni comme donation déguisée, car elle est irrévocable, vu sa qualité de convention matrimoniale ; ni comme faite en fraude de ses créanciers, parceque nul n'est recevable à se prévaloir de son propre dol pour détruire un acte fait au préjudice des tiers. Si la quittance a été fournie pendant le mariage, le mari n'est pas plus recevable que dans le cas précédent à invoquer la fraude commise contre ses créanciers. Mais il peut demander à prouver que cette quittance déguise une libéralité envers la femme. Les donations entre époux faites pendant le mariage sont toujours irévocables, art. 1096. Le mari doit donc être toujours le maître de révoquer celle qu'il a faite à sa femme, même sous le masque d'une quittance de dot. Il faut donc l'admettre à prouver la simulation de ce dernier acte. Mais, tandis que les autres intéressés pourront prouver la fraude ou la simulation par toute espèce de moyens, le mari ne pourra l'établir par témoins ou par présomptions, à moins qu'il n'ait un commencement de preuve par écrit, ou ne se trouve dans un des cas exceptionnels prévus par l'art. 1348 C. civ. (1).

Les quittances de dot peuvent être faites par acte sous seing privé. Elles ont à l'égard du mari, de la femme ou de leurs héritiers, la même force probante que l'acte authentique. Envers les créanciers du mari, elles ne feront foi de leur date, que par l'une des trois circonstances énoncées dans l'art. 1328,

La preuve de la réception de la dot par le mari résultera-t-elle de la reconnaissance par lui faite dans son testament ? A l'égard des créanciers, elle nous parait insuffisante pour autoriser la femme à exercer la reprise de la dot ; cette reconnaissance est une disposition gratuite, un véritable legs. Envers les héritiers du mari, elle autorisera la demande de la valeur indiquée dans le testament, à moins que la réserve ne soit entamée. Dans ce cas, les héritiers pourraient prouver que cette prétendue reconnaissance couvre un véritable legs et que ce dernier doit être réduit dans les limites de la quotité disponible. Objectera-t-on que les héritiers du mari sont liés par la quittance sous-seing privé, donné à la femme du vivant du mari, et que la reconnaissance dans le testament doit avoir une égale force probante. Nous répondrons que les héritiers peuvent attaquer, pour cause de simulation, les quittances authentiques ou sous seing privé, et qu'ils ne font pas autre chose, lorsqu'ils demandent à démoutrer que cette prétendue reconnaissance cache et dissimule une véritable libéralité.

Si la femme a constitué en dot, non une somme

(1) Merlin. *questions.* V° *dot* p. 11. — Tessier. *dot* p. 242 et suiv.

d'argent, mais des objets mobiliers corporels, le mari
en sa qualité d'usufruitier, est tenu d'en faire dresser
inventaire, art. 1562 et 600 cod. civ.. S'il a omis de
remplir cette obligation, la femme pourra faire la preuve
de la remise et de la consistance de ce mobilier par tous
moyens de preuve, par témoins ou même par commune
renommée.

La constitution de dot comprend-t-elle des biens
présents et à venir, ou des biens à venir seulement, la
preuve de la consistance du mobilier dotal non invento-
rié et échu à la femme pendant le mariage, peut être
faite encore par toute espèce de moyens. On ne peut
opposer à la femme le défaut d'inventaire, puisqu'elle
n'a pas l'administration de ses biens, et que le mari
est tenu d'y faire procéder, en sa double qualité d'usufruitier et d'administrateur. La femme n'a pas les moyens d'exiger la confection de l'inventaire ; elle est dans
la situation du créancier qui n'a pu se procurer un
titre écrit. Art. 1348, 1415 et 1504 c. civ. (1).

Ces diverses règles souffrent exception au cas de faillite du mari. Dans l'intérêt de la masse des créanciers, la
loi commerciale soumet la femme à des obligations plus
étroites, quant à la preuve de la réception et de la consistance de sa dot. Pour déterminer nettement la portée
de ces dérogations, distinguons deux hypothèses : celle
où la femme se présente comme propriétaire, et celle où
elle n'allègue qu'un simple droit de créance.

I° En supposant la femme propriétaire d'objets mobiliers, apportés en dot lors du mariage, ou recueillis,
pendant le mariage, par succession comme par donation,

(1) Aubry et Rau p. 531 et p. 540.

ces objets ne peuvent être le gage des créanciers du mari non propriétaire. La femme pourra donc les revendiquer et se les faire attribuer en propres. Les rédacteurs du code de commerce s'étaient d'abord montrés d'une extrême rigueur envers la femme du failli. 1° Ils n'admettaient pas qu'elle put reprendre les objets qui lui avaient été donnés depuis le mariage. Ils considéraient ces donations comme faites par le mari lui-même, présumé s'être servi de l'intermédiaire d'un tiers, pour faire passer à sa femme les valeurs qui étaient le gage de ses créanciers (ancien article 564). C'était une présomption exorbitante et inique qu'à fait disparaître la réforme de 1838. La loi actuelle ne distingue pas entre les biens advenus par succession et les biens donnés. 2° Les rédacteurs du code de commerce, même à l'égard des objets mobiliers apportés en dot par la femme, n'admettaient que la reprise des objets qui pouvaient être considérés comme affectés à l'usage personnel de la femme et comme restant en sa possession, tels que les bijoux, diamants et vaisselles, sur lesquels elle pouvait établir son droit de propriété par bons et loyaux inventaires. Tous les autres biens étaient attribués à la masse de la faillite. Cette disposition injuste et rigoureuse a été supprimée en 1838 : la femme du failli a été replacée, à cet égard, sous l'empire du droit commun. Cette seconde correction est dûe à la commission de la chambre des députés. « Votre commission, disait M. Dufaure, a trouvé dans l'article du code de commerce une inconséquence....... Nous avons pensé qu'il devait être permis à la femme de reprendre tous les objets qui n'entrent pas dans la communauté. Cette disposition comprend toute sorte de meubles : 1° les meubles, apportés sous l'empire du régime dotal, que la femme peut reprendre d'après l'art. 1564 du code civil etc. » L'article 560 du code de commerce ne distingue plus entre les diverses espèces d'effets mobiliers, ni entre ceux qui sont à l'usage du mari et ceux qui sont à l'usage de la femme, ni entre les meubles advenus par donation et ceux recueillis par · succession.

Mais si, quant au droit de reprise lui-même, la femme jouit du droit commun, il n'en est plus ainsi quant à la preuve. Elle est tenue de justifier par acte authentique de son droit de propriété sur les objets revendiqués et de l'identité de ces objets. A défaut par la femme, ajoute l'art. 560, de faire cette preuve, tous les effets mobiliers, tant à l'usage du mari qu'à celui de la femme, sous quelque régime qu'ait été contracté le mariage, seront acquis aux créanciers, sauf aux syndics à lui remettre, avec l'autorisation du juge-commissaire, les habits et linges nécessaires à son usage. Les articles 557 à 559 autorisent la femme à revendiquer les immeubles dotaux, dont, en vertu de son contrat de mariage, elle est restée propriétaire. Pour les immeubles apportés en dot, la preuve de son droit de propriété résultera du contrat de mariage ; pour les immeubles donnés, du contrat de mariage ou de l'acte authentique de donation, postérieur à la célébration du mariage (dans le cas de constitution de biens à venir) : pour les immeubles échus par succession, par la production des titres établissant la propriété de ses auteurs. Quant aux immeubles dotaux acquis à titre onéreux pendant le mariage à l'aide des deniers provenant des successions ou donations, la femme n'en pourra exercer la reprise, que si la déclaration d'emploi a été expressément stipulée au contrat d'acquisition et l'origine des deniers constatée par inventaire ou tout autre acte authentique (art. 558).

Le code de commerce n'a pas prévu spécialement le cas où la femme revendique un immeuble comme ayant été acquis par elle, en échange ou en remploi d'un autre immeuble, ou en emploi de deniers ne provenant pas de successions ou de donations. Dans ces divers cas, la revendication de la femme est évidemment admissible. La seule difficulté, qui puisse s'élever, consiste à déterminer quelle espèce de preuve la femme devra fournir. Dans le cas d'échange, la femme devra en justifier par acte authentique : car l'authenticité de l'acte est une garantie que l'immeuble n'a pas été acquis moyennant une soulte fournie par le mari. Si la femme revendique le fonds, comme ayant été acquis en remploi d'un immeuble dotal, ou en emploi de deniers dotaux, la déclaration d'emploi doit être expressément faite dans le contrat d'acquisition et l'origine des deniers se trouver constatée, soit par un acte de vente en forme authentique, soit par un inventaire, ou par un acte de donation.

Sous l'empire de l'ancien texte du code de commerce, on avait soutenu que la femme, même dotale, ne pouvait reprendre ses immeubles dotaux, que grevés des hypothèques par elle, constituées ou résultant de condamnations obtenues contre elle, par suite des engagements contractés envers les créanciers de son mari. C'était une atteinte grave portée au principe, que les immeubles dotaux ne pouvaient être ni aliénés, ni hypothéqués. L'article 7 du code de commerce suffisait pour repousser cette solution, car l'inaliénabilité dotale subsiste dans toute son étendue et dans tous ses effets, lorsque la femme est commerçante et qu'elle vient a tomber en faillite. Néanmoins pour prévenir toute difficulté, la commission de la chambre des Pairs a ajouté dans l'article 561 le mot *légalement*, pour indiquer que les immeubles doivent avoir été grevés d'hypothèques dans les limites du droit commun, sans préjudice des dispositions du régime dotal.

2° La femme peut se présenter à la faillite comme créancière hypothécaire ou simplement chirographaire. se présente-t-elle comme créancière hypothécaire, elle devra justifier de sa créance contre le mari par acte ayant date certaine, art. 563, c. com. Si la femme se présente comme créancière chirographaire de la dot constituée en argent, ou du prix des meubles livrés au mari avec estimation, elle fera la preuve de son droit à l'aide du contrat de mariage. Mais, s'il s'agit du prix d'un immeuble aliéné par le mari, ou de valeurs recueillies par la femme par succession ou de dettes contractées avec son mari, placée dans une situation semblable à celle des autres créanciers, elle devra faire vérifier et affirmer sa créance. Les restrictions établies contre la femme du failli, quant à la preuve de ses droits ou de ses créances, ne sont relatives qu'à l'exercice de son hypothèque légale ou du droit de reprise en nature du mobilier. Simple créancière chirographaire contre la masse, elle est admise à établir sa créance par tous les moyens de preuve du droit commun (1).

L'article 1569 s'applique-t-il à la dot promise par la

(1) Lyon, 29 avril 1850. -- Grenoble 17 août 1854 -- Rejet 27 décembre 1852 et 22 février 1860. Aubry et Rau § 264 ter.

femme comme à celle promise par un tiers? Ecartons
d'abord le cas où la femme s'est constitué en dot une
créance à elle appartenant sur un débiteur désigné.
La dot, à proprement parler, n'est pas due par la femme,
mais par le débiteur. L'article 1569 est alors applicable,
sans que le mari puisse exercer aucun recours sur les
paraphernaux de la femme. Mais que faut-il décider
quand la femme s'est dotée elle-même *de suo?* Dans
l'ancienne jurisprudence et dans le droit moderne,
la majorité des auteurs adoptent la négative, en se fon-
dant sur ce que la femme n'est pas recevable à se
plaindre de ce que son mari ne l'a pas poursuivie avec
rigueur. L'article 1569 ne peut, du reste, être invoqué
par le débiteur de la dot, libéré seulement par la
prescription trentenaire. Or, ici c'est la femme elle-même
qui est débitrice, et la prescription ne court pas entre
époux, art. 2253. La femme ne peut être créancière du
mari, car sa créance manque de cause, la dot n'ayant
jamais été payée.

Le mari est assujetti à la restitution de la dot, quoiqu'il ne l'ait pas reçue ou ne l'ait reçue qu'en partie,
dans les cas suivants : 1° lorsqu'il n'eût tenu qu'à lui
de la recevoir, car il est responsable de toutes pertes et
prescriptions résultant de son défaut de diligences, art.
1562 ; 2° Despeisses, Poucheril, Roussilhe, Charondas,
dans notre ancien droit, décidaient que le mari ne
pouvait opposer à la femme les contre-lettres passées
avec le constituant, desquelles il résulterait que la dot
était d'une somme moindre que celle portée au contrat
de mariage, ou que la dot, quoique quittancée au con-

trat, ne lui a pas été payée (1). Cette solution est évidemment la seule admissible de nos jours, en présence de l'article 1396, sauf le cas où la femme serait l'héritière du constituant, ce dernier étant soumis au recours du mari ou de ses héritiers.

Le mari doit être considéré comme ayant reçu la dot, lorsqu'il en a fait novation avec le débiteur, ou lorsqu'elle a été touchée par un tiers, sur son ordre ou avec son consentement. L'insolvabilité de ce mandataire retombera sur le mari ou ses héritiers.

CHAPITRE IV.

Des personnes par qui la restitution est due.

La dot doit être restituée par le mari ou ses héritiers, ses ayant-cause universels ou à titre universel. Dans le cas d'absence déclarée du mari, la demande de la femme doit, en vertu de l'art. 123, être dirigée contre les héritiers présomptifs, envoyés en possession provisoire. Si, malgré une constitution préalable en demeure, ces héritiers négligeaient de demander l'envoi en possession, la femme pourrait les actionner à l'effet de se faire autoriser à l'exercice provisoire de ses droits, et provoquer, pour l'exécution du jugement à intervenir, la nomination d'un curateur ou administrateur aux biens de l'absent (1).

(1) Charondas, *réponses* liv. 6. rep. 83. -- Despeisses de la dot sect. 3 n° 85. -- Roussilhe, *dot* t. 1 n° 80. etc.

(1) Valette sur Proud'hon I p. 298.--Demolombe II n° 75. - Aubry et Rau p. 153.

En droit romain, lorsque le mari était *filius familias*, la dot par lui reçue était acquise au père, et à la dissolution du mariage, celui-ci pouvait être actionné en restitution de la dot. Bien que la dot reste en principe la propriété de la femme, que d'autre part la puissance paternelle n'ait plus en droit moderne le même caractère qu'en droit romain, on peut néanmoins se demander si le beau-père de la femme peut être actionné en restitution de la dot. Dans la pratique, il arrive fréquemment que la dot, au lieu d'être remise au futur, est versée entre les mains de son père, ou même parfois, si le père est décédé, de sa mère, au vu et au su de la femme. Dans cette hypothèse, la femme a-t-elle une action contre son beau-père ou sa belle-mère ? Remarquons d'abord que ce fait ne peut pas avoir pour résultat de libérer le mari de l'obligation de restitution. Le beau-père, en effet, n'a pu recevoir la dot et en donner quittance qu'avec le consentement du mari. Celui-ci doit être considéré comme ayant reçu la dot par l'intermédiaire d'un mandataire. Nous l'avons dit, l'insolvabilité du mandataire retombera sur le mari ; la femme n'en doit souffrir aucun dommage. Mais si nous supposons le mari devenu insolvable, la femme a alors intérêt à pouvoir poursuivre son beau-père ; le peut-elle ? Deux hypothèses doivent être distinguées.

Si le contrat de mariage mentionne simplement la numération des espèces et la quittance donnée, ces faits ne peuvent être le fondement d'une obligation du beau-père envers sa bru. Avant le code, il est vrai, dans les pays de droit écrit où le mariage n'émancipait pas, la présence du père au contrat de mariage du fils non émancipé le rendait responsable de la dot,

d'après quelques parlements dans tous les cas, suivant d'autres, lorsque le fils était insolvable (1). L'idée
de cette responsabilité s'est perpétuée dans bien des
esprits, et cependant, de nos jours il ne peut pas en
être ainsi. A quel titre le beau-père en serait-il tenu?
En qualité de caution de son fils? Mais le cautionnement ne se présume pas. Le beau-père a purement et
simplement joué le rôle de mandataire du mari. Deux
hypothèses sont possibles : ou le beau-père s'est libéré
entre les mains de son fils, et la femme n'a aucune
action contre lui ; ou bien il n'est pas encore libéré,
et la femme n'a alors que le droit d'exercer l'action
du mari, dont elle est créancière, par application de
l'article 1166, et seulement à concurrence des valeurs
dotales dont le beau-père se trouverait encore détenteur.

Au contraire, en recevant la dot, le beau-père a-t-
il garanti à la femme la restitution, et constitué une
hyqothèque sur ses biens? La femme pourra l'actionner directement par une action personnelle ou poursuivre par l'action hypothécaire le tiers détenteur de
l'immeuble affecté à la restitution de la dot. Peu importe que le beau-père ait déjà rendu la dot au mari ;
ce paiement le libère de l'obligation de mandat envers
son fils, mais ne détruit pas son cautionnement. A lui,
en opérant cette restitution, de prendre les précautions
convenables pour se garantir des poursuites ultérieures
de la femme. Il pourra exiger des sûretés du mari,
avant de pouvoir être contraint de lui rembourser le

(1) Roussilhe n⁰ˢ 295 et 298. — Salviat p. 212. — Nouveau
Denizart V⁰ dot p. 21 p. 139 et 140.

montant de la dot, car le mari doit le garantir des poursuites de la femme ; mais quoiqu'il intervienne entre le mari et son père, dans cette hypothèse, la femme peut poursuivre le beau-père, comme elle pourrait attaquer tout autre caution.

Dans certaines circonstances, la restitution de la dot ne peut être exigée du mari. Ainsi il a été stipulé entre le beau-père et le gendre, qu'au cas de prédécès de la femme sans enfants, la dot serait acquise au mari. Ainsi encore, les héritiers de la femme prédécédée ne peuvent réclamer la dot, lorsqu'elle a été l'objet d'un gain de survie stipulé dans le contrat de mariage au profit du mari, ou d'une disposition testamentaire de la femme ; sauf, dans ces divers cas, les droits des héritiers à réserve.

Mais le bénéfice de compétence n'est plus admis par la loi moderne. Le mari, privé du nécessaire par la restitution de la dot, aura seulement le droit de demander des aliments, si les héritiers de la femme lui en doivent, d'après les règles du droit commun, art. 205 à 207 c. civ.

CHAPITRE V.

De l'étendue de la restitution.

Le mode et l'étendue de la restitution varient selon la nature même de la dot. Celle-ci peut consister en une créance de somme d'argent ou de choses fongibles contre le mari, en meuble corporels ou incorporels, ou enfin en immeubles dont la possession avait été remise à l'époux. En outre, la restitution peut comprendre une certaine partie des fruits et produits des biens dotaux. Examinons séparément ces divers cas :

SECTION PREMIÈRE

De la dot consistant en une somme d'argent ou en choses fongibles.

Le mari, débiteur envers la femme ou ses héritiers d'une somme d'argent, doit s'acquitter, un an après la dissolution du mariage ou immédiatement après la séparation de biens, dans les cas suivants : 1° la dot a été primitivement constituée en argent ; 2° des meubles, choses fongibles ou non, ont été remis au mari avec estimation : 3° Il a reçu pendant le mariage le montant des créance dotales, dûes à la femme : 4° le mari a touché le prix d'immeubles dotaux aliénés et le remploi n'en a pas été effectué, ou le prix de meubles corporels ou incorporels restés propres à la femme : ou 5° des immeubles estimés dans le contrat de mariage lui ont été remis avec la déclaration que l'estimation valait vente à son profit. Dans ce dernier cas, la femme est non seulement garantie par l'hypothèque légale qui frappe tous les biens immeubles du mari, mais elle jouit en outre sur les immeubles estimés du privilège du vendeur. Si le mari ne paie pas le montant de l'estimation, la femme (ou ses héritiers) pourra exercer l'action résolutoire qui appartient à tout vendeur non payé ; car le mari est semblable à un acquéreur. Mais pour pouvoir excercer cette action ou son privilège, à l'encontre des tiers acquéreurs de droits réels sur les immeubles estimés, la femme aura dû faire transcrire son contrat de mariage sur les registres du conservateur des hypothèques, conformément aux art. 2108. C. civ, 6 et 7 de la loi du 23 mars 1855.

La restitution des objets mobiliers, dont on ne peut faire usage sans les consommer, ou qui par leur nature sont destinés à être vendu, s'opère sur le pied de l'estimation, si elle a été effectuée ; en l'absence d'estimation, par la remise d'une pareille quantité d'objets de même qualité, ou par le paiement d'une somme égale à leur valeur, au moment de la cessation de la jouissance du mari.

Dans ces divers cas, bien que la femme n'ait droit qu'à une somme d'argent, néanmoins, comme il serait contraire aux convenances d'obliger la femme à abandonner les vêtements à son usage et à s'en procurer immédiatement d'autres, elle peut exiger la remise en nature de ses linges et hardes. Use-t-elle de ce droit, elle est tenue de précompter, sur les sommes à elle dûes, la valeur de ses vêtements actuels. Mais ces objets peuvent être d'une valeur supérieure à l'estimation donnée aux vêtements apportés en mariage. Doit-elle tenir compte de cet excédant de valeur ? Dans le cas où le mariage a été dissous par la mort du mari, la réponse négative est seule acceptable. En effet voulut-on considérer l'abandon fait à la femme du surplus de valeur comme une donation, celle-ci se trouverait confirmée par le prédécès du mari. Mais cet abandon n'est pas une libéralité, car le mari est obligé d'entretenir sa femme conformément à

sa position et à son rang. La remise à la femme
des linges et hardes achetés pour elle ne constitue
que l'acquittement d'une dette. En conséquence,
même dans le cas où la séparation de biens donne
ouverture à la restitution de la dot, le mari ne
peut pas prétendre que l'excédant de valeur des
hardes actuellement possédées par la femme constitue une libéralité qu'il lui est loisible de révoquer.

Les mots, *linges et hardes*, signifient le linge de corps
et les vêtements, mais non les draps de lit, ni le linge
de table que la femme ne pourrait reprendre qu'en jus-
tifiant de sa propriété exclusive. Parmi les objets à
l'usage des femmes il en est qui leur sont encore plus
chers que les vêtements ; nous voulons parler de ces
bijoux dont la main du mari se plait souvent à les parer.
La femme peut-elle les conserver ? Une distinction nous
paraît nécessaire. Il arrive fréquemment qu'un mari
livre à sa femme, pour contribuer à sa parure, des dia-
ments dits de famille, Le mari n'entend pas s'en
dépouiller, il ne transfère à sa femme que l'usage pendant le mariage. Les bijoux, acquis depuis le mariage,
doivent rester à la femme, si le mari a entendu *lui en faire*
donation et qu'il soit prédécédé. Pour les bijoux, acquis
avant le mariage et livrés avec estimation, la femme ne
pourra les conserver, à l'exception de l'anneau nuptial.
Ne nous paraissent pas devoir être compris dans les linges
et hardes, mais au contraire assimilés aux bijoux, les
tissus d'une grande finesse, les dentelles d'un prix considérable, comme celles de Malines ou d'Angleterre, les
schalls de *Cachemyr*, les fourrures d'un prix élevé, alors
bien entendu que la valeur de ces divers objets est ma-

nifestement hors de proportion avec la fortune personnelle et la condition de la femme. (1)

Les héritiers de la femme, quand le mariage est dissous par la mort de celle-ci, ne peuvent pas se prévaloir de la disposition de l'article 1566. L'obligation du mari d'entretenir sa femme dans un état convenable a évidemment pris fin ; d'autre part les raisons de convenance, qui s'opposent à ce que l'on dépouille la femme des vêtements à son usage, n'xistent pas vis-à-vis de ses héritiers. A ceux-ci le mari doit seulement le montant de l'estimation faite dans le contrat de mariage.

SECTION II

Des meubles corporels non estimés.

Quant aux meubles corporels dont la propriété a été conservée à la femme, le mari satisfait à son obligation de restitution, en rendant ceux qui existent dans l'état où il se trouvent. Les objets sont restés aux risques de la femme. Le mari n'est responsable ni de leur détérioration, ni de leur perte, lorsqu'elle provient d'un cas fortuit ou de l'usage même auquel ces objets étaient destinés, art. 1566. Il est responsable de la perte ou de la détérioration occasionée par sa faute. Quand les objets sont restitués en nature, la femme doit prouver que la détérioration provient de la faute du mari ; car les

_____

(1) Voir en ce sens M^r. Rodière n° 1901. — contra Seriziat n° 366. — voir Caen 13 avril 1864.

fautes ne se présument pas. Le mari, au contraire, doit prouver qu'ils ont péri sans sa faute, quand il ne peut les représenter. La preuve du cas fortuit est à la charge du débiteur qui l'allègue, art, 1302 ; elle sera souvent facile à administrer. Si le mariage a duré pendant un temps considérable, bien des objets ont dû périr par l'effet de l'usage, comme si la dot comprenait un attelage et que le mariage ait duré cinquante ans. Le mari est en faute toutes les fois qu'il applique la chose à un autre usage que celui auqul elle est naturellement destinée, ou qu'il n'apporte pas à sa conservation tous les soins d'un père de famille. Si les meubles corporels ont péri par la faute du mari il doit rembourser la valeur que ces objets auraient eu au jour de la restitution. Cependant si les objets perdus avaient pour la femme une valeur d'affection, plus élevée que la valeur en échange, le mari devrait restituer cette valeur toute relative, C'est d'elle dont la femme est privée, et les dommages intérêts doivent être égaux au préjudice causé.

Dans le cas, où le mari aurait retiré de la vente des meubles un prix supérieur à la valeur de l'objet, au jour de la dissolution du mariage, c'est le montant de ce prix qui est dû à la femme. Le mari ne peut s'enrichir au détriment du patrimoine de sa femme. Du jour de l'aliénation, par lui consentie, des meubles de la femme, il est devenu, nous l'avons déjà remarqué, débiteur vis-à-vis d'elle de la somme payée ou promise par l'acquéreur.

Le principe, que les risques des meubles corporels dotaux sont supportés par la femme, souffre exception à l'égard des linges et hardes de la femme dont elle est restée propriétaire. Ils devraient dépérir pour son compte et le mari devrait être libéré en les restituant dans leur état actuel. Mais les bienséances s'opposent à ce que la femme soit, à la dissolution du mariage, privée de ses vêtements, pour recevoir à leur place de vieilles nippes, quelquefois même des haillons. Aussi l'article 1566 autorise-t-il la femme à retirer, dans tous les cas, les linges et hardes à son usage actuel. La loi présume que les vêtements actuels sont l'équivalent de ceux qu'elle avait lors du mariage ; en conséquence, la femme n'est tenue à aucune bonification envers le mari, quand même ces objets auraient une valeur supérieure. Elle aurait, au contraire, droit à la bonification de la différence, si la valeur de ses vêtements actuels était inférieure à celle des objets de cette nature qu'elle a apportés. Elle serait admise à prouver cette différence de valeur même par commune renommée, si le mari avait négligé de faire dresser un état estimatif des vêtements constitués en dot lors du mariage. Mais les héritiers de la femme ne peuvent pas invoquer l'article 1566, et le mari est indemne envers eux, lorsqu'il leur restitue les objets réellement apportés par la femme ; il ne leur doit pas ceux dont elle se servait à l'époque de son décès. Si la consistance des premiers n'est pas établie par un inventaire, les héritiers de la femme pourront comme elle en faire la preuve par commune renommée.

SECTION III

De la restitution des biens incorporels.

La dot de la femme peut comprendre des biens incorporels, tel qu'un droit d'usufruit, d'usage, ou des créances.

Un usufruit peut avoir été constitué en dot de diverses manières. Il peut avoir été établi sur la tête de la femme, ou sur celle du mari par la femme elle-même ou par une autre personne. 1° Si l'usufruit a été constitué par un tiers sur la tête de la femme, le mari ou ses héritiers, à la dissolution du mariage, n'ont rien à restituer. Les fruits recueillis pendant le mariage leur appartiennent, et le droit d'usufruit s'est éteint par la mort de la femme ou est resté sur sa tête et sera désormais exercé par elle, si la jouissance du mari a cessé par sa mort, par l'effet de l'absence, ou de la séparation de biens.

2° L'usufruit a-t-il été constitué au profit du mari par la femme sur des biens réservés comme paraphernaux ; au fond des choses, il y a constitution dotale des biens déclarés aliénables. Sous une formule peu correcte, les époux se sont placés dans la même situation que celle qui résulte de la déclaration d'aliénabilité des biens dotaux. L'usufruit du mari cesse par les causes ci-dessus indiquées.

3° Mais la constitution dotale peut consister dans un droit d'usufruit, établi sur la tête du mari par une tierce personne, sur des biens dont elle conserve la nue-propriété. Dans cette hypothèse, le droit d'usufruit lui-même étant, dans le droit actuel, cessible, puisqu'il peut être hypothéqué et exproprié, le mari cédera son droit à la femme ou à ses héritiers, qui l'exerceront pendant toute la vie du mari. Si le mariage avait pris fin par la mort de ce dernier, le droit d'usufruit serait éteint et les héritiers du mari n'auraient rien à restituer, art. 588 et 1568 C. civ.

Les mêmes règles sont appliquables au cas où la dot comprend une rente viagère, établie soit sur la tête du mari, soit sur celle de la femme. Le mari ou ses héritiers ne sont pas tenus de restituer les arrérages perçus pendant le mariage, et avant la déclaration d'absence ou la séparation de biens. Si l'usufruit ou la rente se sont éteints par l'arrivée d'un terme extienctif, avant la dissolution du mariage, le mari n'a rien à restituer. Les fruits et arrérages de la dernière année se partagent entre le mari et la femme, corformément à une règle que nous examinerons bientôt.

Les futurs conjoints sont libres de convenir dans le contrat de mariage que les fruits, perçus en vertu du droit d'usufruit, ou les arrérages de la rente viagère seront capitalisés et que le mari jouira simplement des revenus. Mais comme il n'est pas ordinaire que des fruits constituent la dot *principaliter*, une clause formelle et expresse est indispensable pour que les dits fruits composent le principal de la dot.

La constitution de la dot peut comprendre des créances appartenant à la femme, ou à elle cédées contre des tiers. Pour déterminer l'étendue de la restitution imposée au mari, deux hypothèses doivent être examinées. Le mari a, pendant la durée du mariage, reçu le paiement des créances dues à sa femme, ou bien, conformément à la jurisprudence qui reconnaît au mari la faculté de céder sans le concours de la femme les créances dotales, il a, pendant le mariage fait, sans fraude, cession ou transport au profit de tierces personnes des créances de sa femme (1). Dans ce cas, le mari doit à sa femme le remboursement de la valeur à lui remise en paiement, ou le montant du prix de la cession. Si le transport a été frauduleux et a constitué de la part des tiers une spéculation, ayant pour but leur intérêt exclusif et préjudiciable aux intérêts de la femme, celle-ci, à la dissolution du mariage, pourra demander la nullité de la cession ou transport. La valeur restituable à la femme est celle, non du prix porté dans l'acte, mais du prix réel de la cession ; et la femme pourra, par tout espèce de moyens de preuve, démontrer contre son mari la fausseté et la vilité du prix indiqué dans l'acte de cession.

Si, pendant la durée du mariage, le mari n'a pas aliéné les créances dotales ou n'en a pas reçu le paiement, ces créances sont restées propres à la femme. Le mari restituera les titres qui constatent l'existence de la créance, tels que les grosses des actes notariés, les originaux sous seing-privé, les actions ou obligations des chemins de fer, du crédit foncier etc. Mais pendant la durée du mariage, l'obligation ou la rente ont pu souffrir des retranchements par la faillite ou la déconfiture du débiteur ; elles peuvent même périr par l'effet de l'insolvabilité ou de la prescription. Dans ces divers cas, le mari sera responsable de la perte ou de la détérioration imputable à sa négligence. Aux tribunaux appartient le pouvoir de juger ce point, de fait. Ainsi, il a été decidé que le français marié à

(1) Cass. 18 février 1851, 26 août 1851, 1er décembre 1851 26 mars 1855. — Paris 14 janvier 854, Nimes 31 décembre 1856.

une anglaise n'est pas responsable des créances dotales de sa femme, lorsque celle-ci en a touché le montant sans le concours de son mari, en vertu de la législation anglaise à laquelle ces créances étaient restées soumises à raison de leur situation (1).

Dans le cas de faillite du débiteur de la femme, le mari est tenu de produire et d'affirmer la créance de celle-ci. Mais peut-il concourir valablement à un concordat, de telle sorte que la femme n'ait le droit de lui réclamer que le dividende distribué aux créanciers, en vertu de cet arrangement. Le concordat obligera, sans aucun doute, la femme, si en retranchant la voix du mari et la créance dotale, il reste encore la majorité exigée par le Code de commerce, c'est-à-dire, la moitié des créanciers plus un représentant les trois quarts de la totalité des créances vérifiées et affirmées, art 507 c. Com. Dans ce cas, le mari eut-il fait opposition, le concordat se fut toujours formé. Quand la voix du mari est indispensable pour former la majorité exigée, nous croyons encore que le concordat est obligatoire pour la femme. La solution contraire conduirait à ce résultat que le concordat serait toujours impossible, dès que plus du quart du passif du failli serait dû à des incapables ou à des femmes mariées sous le régime dotal. La circonstance, qu'une femme dotale est interessée dans une faillite, n'empêche pas que le concordat ne soit nécessaire dans l'intérêt des autres créanciers. L'homologation que doit accorder le tribunal de commerce est suffisante pour garantir contre les abus.

(1) Cass. 6 mars 1866.

Dans le cas où la créance de la femme à été prescrite pendant la durée du mariage, le mari sera responsable de cette perte, à moins qu'il ne prouve que la prescription s'est accomplie quelques jours à peine après le mariage, et qu'il lui a été par conséquent, en fait, impossible de l'interrompre en temps utile. Rappelons que le mari est présumé négligent, lorsqu'il a laissé passer dix ans depuis l'échéance de la dot, sans exiger le paiement.

L'article 1597 oblige, dans tous les cas, le mari à restituer les actes instrumentaires qui constatent l'existence de ces créances et les à compte-qu'il a touchés. Cette restitution semble pourtant inutile quand la créance a complètement péri. Mais même dans cette hypothèse, le mari n'est pas dispensé de la restitution du titre, à moins qu'il ne prouve qu'il a péri par cas fortuit. Sans cette preuve on pourrait présumer qu'il a remis le titre au débiteur, en obtenant le paiement de celui-ci.

SECTION IV

Des immeubles dotaux.

Les immeubles dotaux doivent être restitués dans l'état actuel avec tous les accessoires et toutes les améliorations qu'ils ont reçus pendant la durée du mariage, soit par les évènements de la nature, soit par le fait de l'homme. Si le mari est toujours tenu de restituer en nature les immeubles dotaux, la femme n'est pas dans tous les cas tenue de les recevoir. Elle peut, dans une hypothèse, refuser l'immeuble et réclamer la restitution de sa dot en argent ; nous voulons parler du retrait d'indivision, établi par l'article 1408. La majorité des auteurs et la jurisprudence admettent que le principé de ce texte est parfaitement applicable au régime dotal. Si donc la femme s'est constitué en dot sa part indivise dans un immeuble et que, pendant le mariage, le mari devienne acquéreur, pour le compte de la femme, sans mandat de celle-ci et sans son concours à l'acte d'acquisition, de la totalité de l'immeuble, elle a le choix, à la dissolution du mariage ou lors de la séparation de biens, d'abandonner un l'immeubl en totalité à son mari qui devient alors débiteur envers elle de sa part dans le prix, ou de retirer l'immeuble et de prendre l'acquisition pour son compte, en remboursant au mari la somme payée pour acquérir la part indivise qu'elle ne possédait pas. La même option appartiendrait à la femme, si le mari avait acquis seul et en son nom personnel la part indivise de la femme (1). Elle est autorisée à exercer cette option même pendant le mariage. Vainement, dirait-on, qu'à la différence de la femme commune, elle ne jouit pas, avec l'autorisation de son mari ou de justice, d'une capactié pleine et entière, puisqu'elle ne peut disposer de ses immeubles dotaux. Nous pensons que, de même que la femme dotale est apte pendant la durée du mariage à accepter les remplois opérés par le mari, lorsque le

(1) Grenoble 13 Aôut 1854. Cass. 1854. 1ʳ mai 1860.

contrat de mariage a autorisé sous cette condition l'aliénation de l'immeuble dotal, de même la femme peut accepter l'offre d'acquisition qui lui est faite par son mari.

Dans bien des circonstances la femme peut avoir un intérêt sérieux à exercer immédiatement le retrait, et la rétroactivité attachée à son option ne lui offrirait pas toujours une entière garantie à l'encontre des tiers, auxquels le mari aurait vendu la part indivise qu'il vient d'acquérir. Mais ce n'est qu'après la dissolution du mariage, ou la séparation de biens, que la femme peut être contrainte de prendre un parti ; en l'absence de mise en demeure, celle-ci conserve sont droit d'option pendant trente ans. Le même droit appartient à la femme, lorsque le mari a acquis de gré a gré les portions indiveises des autres copropriétaires. Dans ce cas, l'option se trouve, par la force même des choses, réduite à ces portions. La femme a la faculté ou de les réunir à la part qui lui appartient ou de les abandonner au mari, tout en conservant sa part, c'est-à-dire, sans pouvoir être forcée de la céder et sans pouvoir contraindre son mari à l'acquérir.

L'option de la femme, qui exerce le retrait, a un effet rétroactif et fait par conséquent évanouir les actes d'aliénation consentis par le mari à l'égard de la part qu'il a acquise. Si la femme a ratifié la vente, faite par le mari, des parts de l'immeuble soumis à ce retrait, elle ne peut plus exercer le retrait d'indivision (1). Par application du principe que la dot ne peut être ni augmentée, ni modifiée pendant le mariage, l'immeuble

(1) Cass. 1ᵣ mai 1860.

ainsi retrayé par la femme n'est dotal que dans la proportion de la part qu'elle possédait, et demeure paraphernal pour le surplus (1)

La rétroactivité attachée à l'option de la femme n'a pas pour résultat de la mettre au lieu et place du mari vis-à-vis des anciens copropriétaires de l'immeuble. Elle ne devient pas envers eux débitrice personnelle et directe du prix d'acquisition ; mais ils pourront la poursuivre sur ses biens paraphernaux, comme exerçant l'action du mari contre elle, ou bien encore l'atteindre indirectement par l'exercice du privilège du vendeur ou de l'action résolutoire (2).

A l'égard des immeubles dotaux, le mari est responsable vis-à-vis de sa femme de toutes les détériorations qui proviennent de sa négligence. Si des prescriptions, commencées avant le mariage, se sont accomplies au profit des tiers possesseurs, le mari qui a omis de faire des actes interruptifs, doit indemniser sa femme, à concurrence de la valeur des immeubles prescrits au jour de la restitution.

SECTION V.

Des intérêts de la dot et du partage des fruits.

Les fruits de la dot étant dévolus au mari à titre onéreux et sous condition de subvenir aux charges du ma-

---

(1) Aubry et Rau p. 534. -- Duranton XV. n° 361. Marcadé art. 1442. Limoges 22 juillet 1835.

(2) Cass. 14 novembre 1854. Riom 4 juin 1857.

riage, le mari fait les fruits siens tant que les charges durent. Il ne doit donc restituer que les fruits échus et recueillis avant la célébration du mariage, et ceux qui sont échus après la cessation de sa jouissance. Les fruits antérieurs au mariage sont des accessoires du capital même de la dot. Le mari n'y a aucun droit, il doit en restituer la valeur à la femme. Cette décision s'applique à tous les fruits ; aux fruits naturels ou industriels, séparés du sol avant le mariage : aux fruits civils acquis jour par jour à la femme jusqu'à celui de la célébration du mariage.

La femme profite de tous les fruits civils, tels qu'arrérages de rente, intérêts des capitaux, loyers des fermages, échus et à échoir à partir du jour de la dissolution du mariage. Dans l'usage de quelques pays de droit écrit, les intérêts ne courraient de plein droit au profit de la femme ou de ses héritiers, qu'après l'expiration d'une année depuis la dissolution (1). L'art. 1570 les faits courir immédiatement.

Cette règle souffre une double exception. 1° La première est relative au cas de restitution de la dot par suite de la séparation de biens ou de corps. Les intérêts et fruits de la dot sont dûs par le mari du jour du jugement de séparation de biens ou de corps ; car jusque là il a dû fournir à sa femme des aliments, et a supporté seul les charges du mariage auxquelles ces fruits doivent subvenir.

2e La deuxième exception est prévue par le second alinéa de l'art. 1570. Au lieu des intérêts de sa dot pendant l'année qui suit la mort du mari, la femme survi-

_____

(1) Roussilhe, t. 2 p. 80

vanté a la faculté de se faire allouer une pension alimentaire fournie par les héritiers du mari, durant le même
espace de temps.

Les priviléges accordés à la femme mariée sous le
régime dotal sont au nombre de trois : droit de se faire
fournir des aliments durant l'année de deuil, droit [d'habitation pendant le même temps et droit à l'habit de
deuil. On s'est demandé si ces droits pouvaient être
réclamés par la femme non dotée, comme par la veuve
qui avait reçu une dot dont le mari a joui. Les habits
de deuil peuvent être réclamés dans tous les cas, car
c'est une obligation de convenance pour la femme de
le porter. La mort du mari donnant naissance à cette
obligation, il paraîtrait bizarre que la femme pauvre ne
pût pas réclamer contre la succession, tandis que la
femme riche ou dans l'aisance les obtiendrait gratuite-
ment. Nous donnerons la même solution pour l'habitation. Il est contraire aux bonnes mœurs que, dès le
lendemain de la mort de son mari, la veuve non dotée
soit chassée de l'habitation qu'elle occupait, alors surtout
qu'elle n'a peut être pas les moyens de s'en procurer
une autre. En ce qui concerne le droit de demander
des aliments, la question est plus controversée. Néanmoins nous croyons que la femme, non dotée, a encore
le droit de les exiger : nous ne pouvons admettre que
la veuve puisse être obligée d'aller mendier, lorsque la
succession, laissée par le mari, est en état de fournir
à ses besoins.

Les habits de deuil comprennent les vêtements de la
femme, ceux de ses enfants, et ceux de ses domesti-
ques. Ils doivent être réglés d'après la condition des
personnes et jouissent du privilége accordé aux frais

funéraires par l'article 2101. L'habitation est dûe à la veuve durant l'année de deuil, et non pas seulement pendant les dix mois durant lesquels la loi ne lui permet pas de contracter une nouvelle union. Mais si, à l'expiration des dix mois et avant la fin de l'année, la femme contractait un nouveau mariage, les héritiers du premier mari ne seraient évidemment plus tenus de lui fournir l'habitation. Dans le cas où les époux habitaient une maison ou un appartement loué, si la location vient à expirer avant la fin de l'année, les héritiers du mari doivent jusqu'à la fin de cette année procurer un autre logement convenable à la femme. Est-elle propriétaire de la maison occupée par les époux, elle n'est pas fondée à exiger une indemnité des héritiers de son mari ; le motif de convenance, cause du droit d'habitation, n'existe plus.

Les habits de deuil et l'habitation sont dûs en sus des fruits et intérêts de la dot. Il en est autrement du droit de réclamer une pension alimentaire : la femme a l'option entre les aliments et la restitution des intérêts ou des fruits. La veuve peut opter pour des aliments dans l'hypothèse même où la dot consistant en immeubles doit en principe lui être restituée immédiatement. Vainement, voudrait-on argumenter du mot intérêt, employé par l'art. 1570, c'est lui donner trop d'importance. La veuve peut reprendre immédiatement les objets dont elle est restée propriétaire. Mais ce droit est facultatif et personne ne peut la contraindre à en user.

Par exception à la règle générale en matière d'usufruit ordinaire, les fruits naturels et les fruits civils irréguliers des biens dotaux sont entièrement assimilés aux fruits civils proprement dits, en ce qui concerne la répartition à en faire entre le mari ou ses héritiers et la femme ou ses héritiers, lors de la cessation de la jouissance du mari. En effet, si l'on appliquait les principes de l'usufruit ordinaire, le mari acquerrait irrévocablement tous les fruits naturels ou industriels recueillis pendant le mariage. Il n'aurait aucun droit sur ceux qui sont pendants par branches ou par racines, lors de la cessation de la jouissance, art. 585. Tout au contraire, d'après l'art. 1571, les fruits des biens dotaux, de quelque nature qu'ils soient, perçus ou à percevoir, se partagent entre le mari ou la femme et leurs héritiers, dans la proportion du nombre de jours écoulés, à partir de l'anniversaire de la célébration du mariage jusqu'au jour de la cessation de l'usufruit. Les fruits forment une masse, et celle-ci se divise en 365 parties. Le mari ou ses héritiers prennent autant de ces parties que l'usufruit a duré de jours pendant la dernière année : le surplus appartient à la femme ou à ses héritiers.

L'article 1571 repose sur ce principe, que les fruits de la dot étant destinés à acquitter les charges du mariage, le mari ne doit les gagner qu'au prorata du temps, pendant lequel les charges ont pesé sur lui.

Ce texte s'applique non seulement aux fruits à percevoir, mais même aux fruits déjà perçus ; il ne fait aucune distinction entre eux. En effet, les fruits d'une année doivent naturellement servir aux besoins du propriétaire jusqu'à l'année suivante. Le mari ne peut pas s'approprier les fruits d'une année entière, quand le mariage n'a duré que quelques mois, ou même deux récoltes quand le mariage n'a duré qu'un an. Il est dont absolument indifférent, lors de la dissolution du mariage ou de la séparation de biens, que les fruits aient été déjà perçus ou soient pendants par branches ou par racines. Le mari gagnera toujours les fruits dans la limite de la durée du mariage. S'il a perçu davantage, il restituera la différence à la femme ou à ses héritiers. Le mariage n'a-t-il duré que trois mois, si dans cette période le mari a perçu l'entière récolte, il devra restituer les trois quarts. Si le mariage a duré un an et que le mari ait perçu deux récoltes, la première presque aussitôt après le mariage, la deuxième un peu avant sa dissolution, parceque, par l'effet des circonstances, elle a été plutôt murie que ne l'avait été la première; il devra restituer la deuxième récoltetoute entière. A l'inverse, si le mariage a duré un an et que le mari n'ait perçu aucune récolte par suite du retard dans la maturité, il devra prendre entièrement celle qui était encore pendante à la dissolution du mariage. Le fonds dotal est-il de nature à produire deux récoltes par an, la valeur de ces deux récoltes sera confondue, et c'est sur l'année entière que la distribution des fruits aura lieu.

Si l'immeuble dotal est productif de fruits à des intervalles de plusieurs années, comme lorsque la dot consiste en bois taillis, coupés tous les douze ou quinze ans, le mari aura droit à une portion du produit, calculé d'après la durée du mariage pendant la période de fruits. Ainsi, si le mariage a duré six ans, le mari aura droit à la moitié ou aux deux cinquièmes de la coupe, et si elle a été effectuée pendant la durée du mariage, il devra restituer la moitié à la femme. Dé même encore, si l'immeuble dotal, d'après l'assole-

ment adopté, doit rester en jachère une année sur quatre; par exemple, le mari aura droit, sur les récoltes
recueillies dans la période de quatre ans, à une part
proportionnelle à la durée du mariage. Celui-ci n'a-t-il
duré qu'un an et cette année est-elle celle de la jachère,
il sera dû un quart au mari sur les récoltes suivantes.
Au contraire, le mariage n'étant dissous qu'après les
trois années productives, de telle sorte que la jachère
doive avoir lieu l'année suivante, le mari devra restituer
à la femme un quart de chacune des récoltes par lui
perçues.

Les frais de semence, culture, récolte se prélèvent
sur les fruits. L'article 585 contient une règle opposée
en ce qui concerne les rapports respectifs du nu-propriétaire et de l'usufruitier. Mais l'art. 1571 dérogeant
aux règles ordinaires de l'usufruit, nous retombons
sous l'application de l'art. 538, d'après lequel les fruits
produits par la chose n'appartiennent au propriétaire,
qu'à la charge de rembourser les frais de labour, semence, faits par des tiers. Si le mari peut prélever, sur
la récolte de la dernière année, toutes les impenses
qu'il a faites pour l'obtenir, il doit réciproquement
tenir compte à la femme des frais de culture avancés, lors
de la célébration du mariage, pour les fruits qu'il a
trouvés sur le fonds dotal encore pendants. Ces impenses, en effet, représentent un capital qui eut augmenté
la fortune de la femme, si elles n'avaient pas été faites.
Nous donnerons la même solution dans l'hypothèse
même où les impenses avaient été faites par le tiers
qui a constitué la dot. Le donateur doit être réputé
avoir voulu gratifier la femme plutôt que le mari, pour
tout ce qui excède l'étendue ordinaire de la jouissance
de ce dernier.

C'est à dater de la célébration, que se calcule l'année qui sert à déterminer la portion des fruits revenant au mari pour la dernière période de sa jouissance. On admettait en droit romain et nos anciens auteurs enseignaient que, dans le cas où la jouissance du mari avait commencé postérieurement au mariage, ce n'était qu'à dater de son entrée en jouissance que les annuités de la dot devaient être calculées.

Cette interprétation doit être encore acceptée de nos jours ; le mari, en effet, ne peut compter raisonnablement sur les fruits de la dot, qu'à dater du jour où elle est appelée à en produire. Attribuer rétroactivement au mari une portion des fruits, pour l'époque antérieure à la délivrance du fonds, c'est lui accorder plus qu'il ne lui est dû. Ainsi un bien a-t-il été constitué en dot à une femme mariée le 1er mars 1870, avec cette restriction que le mari entrera en jouissance à dater du 1er octobre suivant, si le mariage prend fin le 1er mars 1871, bien qu'il ait duré douze mois, le mari n'aura droit qu'à une demi récolte. Dans le cas où le mariage est dissous par la mort du mari, si la femme opte pour que les héritiers lui fournissent des aliments aux dépens de la succession du mari pendant l'année de deuil, les héritiers doivent gagner les fruits et intérêts de la dot, comme les gagnait le mari pendant le mariage. C'est la récolte, perçue ou pendante lors de l'expiration de l'année de deuil, qui doit être partagée entre la veuve et les héritiers.

L'article 1571 est non-seulement applicable aux fruits des immeubles dotaux, mais aussi aux produits périodiques des meubles dotaux, dont la femme a conservé la propriété, tels que la toison d'un troupeau,

les dividendes et répartitions semestrielles, annuelles
ou bis-annuelles, attachées à des actions de finance
ou d'industrie. Le texte ne parle que des fruits des
immeubles dotaux, parceque, lors de la rédaction du
code, la fortune mobilière étant plus restreinte que de
nos jours, la propriété des objets mobiliers passait
généralement au mari, le droit de la femme se ré-
duisant en une créance, dont le mari doit les intérêts
du jour de la cessation de son usufruit dotal.

SECTION VI.

Des répétitions que le mari peut opposer à l'action en restitution.

Les principales causes de répétition, que le
mari peut opposer par voie d'exception à l'action en
restitution, et qu'il peut retenir en compasation des
sommes dotales qu'il doit restituer, sont 1° les impenses faites sur les biens dotaux 2° les dettes ou
charges acquittées pour le compte de la femme.

1° Le droit actuel divise, comme le droit romain,
les impenses en trois catégories, les nécessaires, les
utiles et les voluptuaires. Les impenses nécessaires
sont celles qui étaient indispensables pour la conservation des biens dotaux. Elles doivent être rem-
boursées intégralement au mari, alors même que
l'immeuble dotal ait plus tard péri ou ait été détérioré par cas fortuit. Si le mari n'avait pas fait l'a-
vance de ces impenses la femme aurait été obligée
d'y pourvoir elle même. La dot se composait-elle

d'immeubles et de sommes dotales remboursables par le mari, celui-ci est autorisé à compenser ces sommes dotales avec le montant des impenses nécessaires. Si la compensation est impossible, parceque la dot se compose de corps certaint et déterminés, le mari est en droit de refuser la restitution de l'immeuble dotal, à l'égard duquel les impenses nécessaires ont été fuites : jusqu'au remboursement, il jouit d'un droit de rétention.

Les impenses utiles sont celles qui augmentent la force productive du fonds : le mari peut réclamer le montant de ces impenses. Si l'usufruitier, aux termes de l'art. 599, ne peut, à l'extinction de l'usufruit, réclamer aucune indemnité pour los améliorations qu'il prétendrait avoir faites, encore que la valeur en fut augmentée, la situation du mari est toute différente. L'usufruitier ne peut rien réclamer, car il a joui de la chose dans son propre intérêl, rien ne l'obligeait à faire des améliorations. Le mari, au contraire, est tout à la fois usufruitier et administrateur de la dot ; en cette dernière qualité il en jouit, dans l'intérêt de la femme, dans celui des enfants et dans son propre intérêt. Comme administrateur, il doit accomplir toutes les améliorations jugées utiles et il est juste qu'il soit indemnisé dans la mesure de l'enrichissement qu'il a procuré. Vainement dira-t-on que le législateur présume que l'ususfruitier abandonne au nu-propriétaire la plus value par une sorte de libéralité et que cette présomption doit être plus facilement admise entre conjoints. Outre que cette libéralité indirecte devrait, aux termes de l'art. 1096, être réputée caduque dans le cas où le mari survit à la femme, nous répondrons que les libéralités ne se présument pas. Si le législateur a écrit l'art. 599, « c'est parceque, disait le tribun Gary devant le corps législatif dans la séance du onze pluviose an XII, il ne doit pas être au pouvoir de l'usufruitier de grever d'avance le propriétaire de répétitions qui pourraient souvent lui être onéreuses et qu'on a voulu étouffer dans leur naissance des contestations infinies » (1).

Le mari ne peut répéter les impenses utiles, que jusqu'à concurrence de la plus-value acquise par les immeubles, ou si la plus-value est supérieure à la dépense effectuée, uniquement le montant seul de cette dépense : car il n'est plus en perte et la femme ne s'enrichit pas à son détriment, dès que cette somme lui est restituée. La plus value doit, d'après la doctrine de nos anciens auteurs, s'apprécier au moment de la restitution, et non à l'époque des dépenses effectuées. Il n'est rien dû au mari, si la chose améliorée se trouve avoir péri par cas fortuit, ainsi le décidaient Pothier, Valin et Renusson. Mais despeisses et Roussilhe adoptaient une opinion contraire (2). Si une société d'acquêts avoit été stipulée entre les époux, les améliorations formeraient des acquêts et le mari n'aurait de répétition à exercer que pour, une motié, à moins que la femme ne renonçat à la communauté d'acquêts.

(1) Aubry et Rau p. 535. — Rodière et Pont n° 1725 Teissier t. II p. 195 Bastia 29 décembre 1856.

(2) Pothier de la communauté. n° 636. — Renusson de la comm. p. 130. — Despeisses dot n° 75. — Roussilhe n° 549.

Pour obtenir ce remboursement, le mari jouit-il du droit de rétention, ou peut-il seulement intenter contre la femme une action personnelle et la poursuivre sur ses biens paraphernaux? Nous avons vu en droit romain que le droit de rétention, d'abord admis à l'égard des impenses utiles par les jurisconsultes classiques, avait été repoussé par Justinien. Cet empereur n'accordait au mari qu'une action de mandat ou de gestion d'affaires. Dans notre ancien droit Despeisses enseignait la même doctrine. De nos jours cette solution nous paraît devoir être acceptée; car l'articte 1518, en permettant l'aliénation des immeubles dotaux pour des réparations indispensables à leur conservation, défend par la même implicitement l'engagement de la dot pour de simples améliorations. Cette question est diversement résolue, et des auteurs estimables pensent que, par analogie de la disposition de l'art. 1673, il y a lieu d'autoriser le mari à se maintenir en possession jusqu'au remboursement des dépenses utiles (1). Nous pensons, au contraire, que le législateur a entendu adopter le régime dotal tel qu'il était consacré dans notre ancien droit, et nous invoquons la jurisprudence de la cour suprême, qui refuse à l'acquéreur de bonne foi de l'immeuble dotal la facilité d'user du droit de rétention jusqu'au remboursement de la plus value résultant des dépenses utiles. Or à plus forte raison, le mari qui n'ignore pas le caratère du fonds dotal, doit-il se voir refuser le droit de rétention(2).

(1) Tessier t. II p. 199.

(2) Cass. 12 mai 1840, Limoges 10 février 1844. Aubry et Rau, p. 540.

Puisque le paiement des dépenses utiles ne peut être poursuivi sur les biens dotaux, il en résulte que le mari ne peut pas compenser le montant de ces impenses avec les créances dotales dont il est débiteur vis-à-vis de sa femme. Il ne pourra agir que sur les paraphernaux. Si la femme n'en possède pas, nous appliquerons la décision donnée par Celse dans la loi 38 *de rei vindicatione* et que reproduisait Pothier dans son traité du douaire (1).

Les dépenes voluptuaires n'ont jamais, en droit romain, ni dans notre ancien droit, engendré aucune indemnité au profit du mari. Il a seulement le droit de les enlever, sans détériorer le fonds et à la condition que cet enlèvement pourra lui être profitable. Veut-il effacer des peintures qu'il ne peut enlever, sous prétexte de rétablir les lieux dans leur ancien état, nous répondrons avec Celse que cela ne lui est pas permis, *malitus non est indulgentiam* .

11° Le mari peut imputer, sur la dot qu'il doit restituer, les dettes de la femme ayant acquises date certaine avant le contrat de mariage et qu'il a été obligé de payer sur les poursuites des créanciers pour le compte de la femme, ou qu'il a volontairement acquittées. Quand aux dettes contractées pendant le mariage par la femme, elle-même, une distinction est nécessaire. Si ces dettes ont été contractées par la femme seule, sans le consentement du mari, et que ce dernier les ait néanmoins acquittées, il ne peut en exiger le remboursement, si la femme invoque l'action en nullité qui lui appartient. La nullité prononcée, le mari a seulement le droit d'agir en répé-

(3) Pothier, du douaire n° 270.

tition de l'indû contre le tiers auquel il a payé cette dette annulée. En supposant la femme obligée avec l'au torisation du mari, le remboursement de cette dette valable en elle-même et payée par le mari ne pourra être poursuivi que sur les biens paraphernaux. Le mari ne pourra ni retenir les immeubles dotaux, ni compenser le montant de cette dette avec les sommes dotales qu'il doit payer à la femme. Celle-ci, en effet, ne peut, par aucun acte pendant le mariage, d'après une jurisprudence nettement établi, compromettre le droit de réclamer la restitution intégrale de sa dot mobilière (1). Mais il est une catégorie de dettes nées pendant le mariage, que le mari pourra répéter sur la dot à restituer ; ce sont celles, qui résultent des frais des procès relatifs à la propriété des biens dotaux, et celles, qui sont nées d'un délit ou quasi délit de la femme. Les créanciers de pareilles, dettes auraient pu poursuivre sur les biens dotaux.

Si le mari ne peut répéter les frais de *dernière maladie* de sa femme, qui sont des charges du mariage et de son usufruit, il pourra réclamer le montant des *frais funéraires* occasionnés par la mort de la femme, s'il les a avancés. La dette est née après la dissolution du mariage. L'ancienne jurisprudence était peu uniforme sur ces deux points. Les parlements de Bordeaux et de Provence accordaient au mari la répétition des frais de dernière maladie dans quelques circonstances particulières, notamment l'orsque cette maladie avait traîné en langueur.

(1) Cass. 12 août et 14 novembre 1846, 29 août 1848 26 mars 1855 6 décembre 1859, 1 août 1866.

CHAPITRE VI.

Des garanties assurant la restitution de la dot.

L'étude du droit romain nous a montré d'abord l'inaliénabilité de l'immeuble italique dotal comme la seule garantie assurant l'éfficacité de l'action en restitution de la dot. Plus tard le développement de la pensée de conservation a engendré successivement la prohibition d'intercéder pour autrui, celle d'hypothéquer l'immeuble dotal, le *privilegium dotis*, enfin, sous Justinien, l'inaliénabilité absolue de tout immeuble dotal, la création d'une hypothèque, frappant primitivement les seuls biens dotaux, puis tous les biens du mari, devenant enfin privilégiée et corroborée par l'incapacité pour la femme de renoncer à quelques unes de ces garanties.

Le droit moderne a recueilli, en les modifiant quelque peu, ces traditions, et la conservation de la dot est assurée à la femme, à la fois par l'inaliénabilité et l'imprescriptibilité des immeubles dotaux, par l'hypothèque légale grévant tous les immeubles du mari, par la double incapacité de la femme dotale de subroger ou de renoncer à sa créance dotale ou à son hypothèque et d'engager pendant le mariage les biens dotaux envers ses créanciers ou envers ceux du mari. Les deux premières mesures de protection découlent de la loi ; les deux autres ont été élaborées par le travail incessant de la doctrine et de la jurisprudence : Aucun texte formel ne les établit ; mais elles sont tellement inhérentes à la nature du régime dotal, que le développement des principes posés par le législateur les a fatalement amenées. Elles ne pouvaient pas ne pas être. Sans elles, le régime dotal dont le but suprême est la conservation de la dot dans son intégrité, eut été incomplet et impuissant.

. Nous ne voulons pas examiner en détail ces diverses garanties ; chacune d'elles fournirait amplement le sujet d'une dissertation spéciale. Nous voulons seulement, en indiquant à grands traits leur caractère et leur portée, montrer comment elles viennent assurer la conservation et par suite, la restitution de la dot.

L'inaliénabilité des immeubles dotaux est garantie par une action en nullité à l'aide de laquelle le mari, pendant le mariage, la femme après la dissolution ou la séparation de biens, peuvent révoquer l'aliénation indument faite. En nous plaçant à la dissolution du mariage ou à la séparation de biens, nous trouvons la femme en possession de deux actions différentes. Elle peut intenter l'action en nullité contre le tiers acquereur de l'immeuble dotal indument aliéné. Elle peut aussi, si elle le préfère, réclamer du mari ou de ses héritiers une indemnité pour la valeur des immeubles aliénés. La femme peut avoir intérêt à prendre ce dernier parti dans le cas ou l'immeuble aliéné a péri ou a subi des dégradations par le fait de l'acquéreur devenu insolvable, dans le cas encore ou l'immeuble n'a plus, à la dissolution du mariage qu'une valeur inférieure au prix d'aliénation. Même en l'absence d'un intérêt de ce genre, la femme reste juge de la convenance qu'il y a pour elle à se contenter d'une indemnité, au lieu d'user de son action en nullité.

Plusieurs auteurs et plusieurs arrêts adoptent une opinion contraire. Ils invoquent le texte de l'article 1560, qui n'accorderait à la femme d'autre droit que celui de faire révoquer l'aliénation. L'intérêt des créanciers du mari s'oppose, disent-ils, à ce que la femme puisse, en renonçant au droit de faire valoir la nullité de l'aliénation, invoquer à leur détriment son hypothèque légale. En raisonnant ainsi, on méconnait le caractère de la nullité qui vicie l'aliénation de l'immeuble dotal.

Les créanciers du mari n'ont pas qualité pour faire valoir cette nullité toute relative, sur l'effet de laquelle ils n'étaient pas autorissés à compter. Quant à l'argument tiré de l'art. 1560, dangereux comme tous les arguments *a contrario*, il ne prouve pas.

De ce que cet article se borne à régler l'exercice du droit d'aliénation, il est inexact d'en conclure que le législateur a voulu refuser à la femme ou à ses héritiers la faculté de répéter contre le mari le prix d'aliénation. La femme peut même pendant le mariage et par mesure conservatoire demander, dans les ordres ouverts sur le mari, une collocation éventuelle ou provisoire pour le montant de cette indemnité, qui se trouve garantie par l'hypothèque légale.

Pour déterminer les effets de l'option, distinguons entre le cas de dissolution du mariage et celui de séparation de biens. Dans le premier cas, l'option de la femme ou de ses héritiers est désormais irrévocable, puisque le principe de l'inaliénabilité de la dot a cessé d'exercer son empire. En choisissant l'action en indemnité la femme ratifie l'aliénaion de l'immeuble. Dans le second cas, l'option ne peut être que provisoire, si elle

porte sur le prix. La femme ne peut réclamer une collocation définitive pour la valeur de ses immeubles dotaux indûment aliénés, car la séparation n'empêche pas
que la dot ne reste inaliénable. La renonciation à l'action en nullité serait infectée du même vice que l'aliénation elle-même. La femme peut, à la dissolution du
mariage revenir sur son option et revendiquer l'immeuble aliéné. Prend-t-elle ce parti, le montant du prix,
pour lequel elle avait été colloquée sur les biens du mari,
sera attribué aux créanciers qui auraient été en rang
utile pour le recevoir (1).

L'action en nullité appartient en principe à la
femme, alors même que le mari ou la femme elle-même
se seraient formellement portés garants de la vente.
Car la femme ne peut par faire indirectement ce que la
loi lui défend d'accomplir directement et s'enlever par
une promesse de garantie, donnée pendant le mariage,
le droit de demander la nulité de l'aliénation de l'immeuble dotal. Sans examiner les diverses questions que
peut faire naître cette obligation de garantie, remarquons qu'elle peut être opposée comme fin de non-recevoir
à la demande en nullité, dans les hypothèses suivantes : 1°
la femme ou ses héritiers ont accepté purement et simplement la succession du mari, sur lequel pesait l'obligation de garantie : 2° le mari, soumis à cette obligation,

(1) Aubry et Rau p. 537. -- Merlin. *quest* V. remploi p.
9. -- Benech, de l'emqloi, et du remploi, n° 111 et 112.
-- Rodière et Pont n° 1874. -- Bordeaux 8 janvier 1851. --
Requêtes 16 novembre 1847, 2 mai 1855, 23 décembre 1861
-- contra Benoit de la dot, I 261. -- Seriziot n° 194. --
Grenoble, 7 avril 1840. Caen 14 janvier 41, et 5 décembre 46.

agit comme héritier de la femme, ou bien les héritiers de la femme se sont personnellement rendus garants de l'aliénation (1).

L'action en nullité de l'aliénation de l'immeuble dotal se prescrit par dix ans à partir de la dissolution du mariage ; la séparation de biens ne fait pas courir cette prescription exceptionelle. Cette solution est contestée par quelques personnes : mais nous croyons que si la séparation de biens rend prescriptibles les immeubles dotaux, néanmoins la prescription de l'art. 1304, qui ne repose que sur une confirmation présumée, ne peut commencer à courir qu'après la dissolution du mariage ; à cette époque seulement la confirmation devient possible (1).

Pour mieux assurer la conservation de la dot, la loi déclare imprescriptibles pendant le mariage les immeubles dotaux, dont l'aliénation n'a pas été permise par le contrat de mariage, art. 1561. Le cours de toute prescription acquisitive ou extinctive est suspendu pendant le mariage. Cette proposition s'applique notamment : 1° à la prescription de l'action en nullité de l'aliénation d'un immeuble dotal : 2° à la prescription invoquée comme mode d'acquisition de la propriété d'un immeuble dotal détenu sans titre, art. 2263, ou possédé avec juste titre et bonne foi, art. 2265 : 3° à la prescription invoquée comme moyen d'acquisition d'un droit réel sur un immeuble dotal art. 690. 4° à la prescription extinctive par le non-

---

(1) Cassation, 22 mai 1855. — Troplong du contrat de mariage t. IV n° 3552. Marcadé sur l'art. 1560.

(2) Cass. 1ᵉ mars 1847. 4 juillet 1849. Caen 27 janvier 1851.

usage d'un usufruit immobilier, constitué en dot, ou de servitudes actives, établies en faveur d'un immeuble dotal, art. 617 et 706, Mais l'imprescriptibilité cesse : 1º à l'égard des immeubles dont le contrat de mariage a permis l'aliénation sans restriction ni condition ; 2, lorsque par l'effet de la séparation de biens, la femme a recouvré l'exercice des actions dotales. Néanmoins, si l'action de la femme devait réfléchir contre le mari, la prescription resterait encore suspendue, malgré la séparation de biens, et ne commencerait à courir qu'après la dissolution du mariage, art 2256,

Ces diverses garanties, quelque énergiques qu'elles soient, seraient cependant insuffisantes pour garantir la conservation des valeurs immobilières dotales dans leur intégrité, au profit de la femme. Le mari a pu, pendant le mariage, laisser imprudemment accomplir des prescriptions commencées avant l'union conjugale ; il a pu détériorer par une mauvaise administration les immeubles confiés à ses soins. Laisser la femme venir en concours au marc le franc, comme simple créancière chirographaire des indemnités dûes pour ces causes diverses, était insuffissant. L'hypothèque légale, maintenue par le code civil, vient garantir à la femme qu'elle sera indemnisée par préférence aux autres créanciers. Nous connaissons l'origine de cette hypothèque ; mais le code civil a repoussé le privilège exorbitant que Justinien avait cru devoir accorder aux femmes. Aux termes de l'art. 1572, la femme et ses héritiers n'ont pas de privilège pour la répétition de la dot sur les créanciers hypotécaires antérieurs à la femme. Le législateur a voulu ainsi abroger le principe de la célèbre constitution *assiduis,* qui avait été admis dans plusieurs des pays autrefois soumis au droit romain, et notamment, comme l'atteste Roussilhe, dans le ressort du parlement de Toulouse.

L'hypothèque légale de la femme ne prend rang, à l'égard des successions ou donations, à elle échues ou faites pendant le mariage, qu'à compter de l'ouverture de ces successions ou du jour que les donations ont eu leur effet. Elle prend rang du jour du mariage, soit pour garantir la femme des dégradations que le mari aurait commises sur l'immeuble dotal, ou de l'effet des prescriptions accomplies, soit dans le cas d'aliénation, lorsque le mari a usé du droit que lui conférait le contrat de mariage d'aliéner l'immeuble dotal sans le consentement de sa femme. Remarquons que si l'aliénation de l'immeuble dotal a été consentie par le mari, en violation du contrat de mariage, et que la femme, au lieu d'intenter l'action révocatoire, préfère réclamer du mari la restitution du prix, elle devra être colloquée seulement à partir du jour de l'aliénation. En effet, l'inaliénabilité de la dot n'a pour but que d'en assurer la conservation. Si elle ne doit jamais nuire à la femme, en l'empêchant d'améliorer sa condition et de choisir le prix au lieu de l'immeuble, quand elle y trouve avantage, d'un autre côté, la femme ne doit pas être admise à invoquer et à repousser en même temps le système de la dotalité. Décider que l'hypothèque remonte au jour du mariage pour garantir l'aliénation illicite de la dot serait enlever toute sécurité aux actes passés avec le mari, et favoriser la fraude, puisqu'il suffirait ensuite d'aliéner la dot, pour que la femme pût primer les créanciers qui auraient traité avec le mari dans les premiers temps du mariage (1).

L'hypothèque légale de la femme, et c'est alors qu'apparaît dans toute son étendue sa véritable importance, garantit encore le paiement des créances acquises par la femme contre le mari, dans les divers cas où ce dernier est devenu propriétaire des biens constitués en dot, ou lorsqu'il a reçu des débiteurs de la femme le montant des créances dotales. Pour la garantie de ces divers droits, l'hypothèque prend rang à partir du jour de la célébration du mariage. La femme est autorisée à faire valoir son hypothèque, alors même qu'elle n'a pas été inscrite, tant au point de vue du droit de préférence qu'à l'égard du droit de suite. Dans le système du code civil, la dispense d'inscription, établie par l'article 2125, n'était soumise à aucune restriction, ni quant à sa durée, ni quant aux personnes qui en invoquaient le bénéfice. Elle subsistait avec tous ses effets, même après la dissolution du mariage, et n'avait d'autre terme que la durée même des créances auxquelles elle était attachée. Cette disposition était excessive, car à la dissolution du mariage, la dépendance de la femme prend fin et la veuve recouvre une entière capacité. L'hypothèque, d'après l'article 8 de la loi du 23 mars 1855, doit être inscrite dans l'année qui suit la dissolution du mariage; dans ce laps de temps, la veuve, les héritiers ou ayant-cause de la femme précédée, sont tenus de prendre ins-

(1) Rodière et Pont n° 1968 et 1969. — Pont, des hypothèques, n° 768 à 770. — Troplong privil. et hypoth. t. II p. 379. — Assemblée legisl. séance du 13 et 14 février 1851. — Cass. 16 mai 1865. — contra Caen 7 juillet 1851.

cription, s'ils veulent conserver à l'hypothèque le rang qu'elle avait. inscrite postérieurement à l'année qui a suivi la dissolution du mariage, l'hypothèque de la femme ne date, à l'égard des tiers, que du jour où l'inscription a été prise, et non plus des époques fixées par l'art. 2135. Cette hypothèque est restreinte, quant aux immeubles qu'elle grève, dans le cas de faillite du mari, art. 563, c. com.

Les questions relatives à l'hypothèque accordée à la femme dotale appartiennent plus particulièrement au régime hypothécaire et sortent dès lors de notre sujet. Nous avons voulu simplement indiquer comment cette hypothèque légale vient garantir pour la femme la conservation et la restitution de sa dot.

Mais ni l'inaliénabilité de l'immeuble dotal, ni son imprescriptibilité, ni l'hypothèque légale n'auraient suffisamment garanti à la femme la conservation de sa dot. Protégée contre les actes du mari, elle ne l'était pas contre ses propres entrainements, et la femme pouvait, dédaignant, rejetant ou violant ces règles restrictives, compromettre par ses propres agissemen*t*s la restitution de cette même dot que le régime dotal a pour but de sauvegarder. Restreint à l'inaliénabilité des seuls immeubles, ce régime restait incomplet et n'atteignait qu'imparfaitement son but. S'inspirant des théories romaines et de celles ne notre ancien droit, partant de cette idée que l'intention des rédacteurs du code a été de maintenir le régime dotal, tel qu'il était pratiqué dans les pays, où il formait le droit commun, la jurisprudence a fait revivre deux principes, autrefois consacrés par les parlements et qui achèvent de donner au régime dotal cette physionomie particulière et caractéristique, qui le distingue si profondément des autres régimes nuptiaux. Nos anciens parlements avaient proclamé le double principe que la femme ne pouvait renoncer à son hypothèque légale et que les engagements, par elle contractés pendant la durée du mariage, n'étaient pas susceptibles d'être exécutés sur ses meubles dotaux. Après bien des fluctuations, la jurisprudence les a admis tous deux, tout en reconnaissant au mari le droit de disposer des meubles dotaux. La majorité des auteurs s'est aussi raliée à la doctrine de la cour de Cassation. (1)

La femme né peut, par aucun acte, compromettre le droit de réclamer, lors de la dissolution du mariage ou de la séparation de biens, la restitution intégrale de sa dot, ni renoncer à l'hypothéque légale destinée à assurer cette restitution. Elle ne peut pas davantage subroger à cette hypothèque, ni même céder la priorité de son rang hypothècaire, ni acquiescer valablement à un jugement prononçant la radiation d'une inscription, prise pour la conservation de ses droit dotaux. Cette incapacité de la femme est aujourd'hui implicitement reconnue par législateur lui-même, car l'article 9 de la loi du 23 mars 1855 est ainsi conçu : dans les cas ou les femmes peuvent céder leur hypothèque légale ou y renoncer etc,. Le législateur suppose donc qu'il est des femmes mariées qui ne

---

(1). Cass. 12 août 1846, 29 août 1848, 18 février et 1ᵉ décembre 1851, 26 mars 55, 6 décembre 59. 1ᵉ août 66. -- Caen 26 mars 1862 -- Pont, revue critique t. 3. p. 155. -- Aubry et Rau p. 537 bis. -- Massé, droit commun nᵒ 1320, Tessier nᵒ 429 etc.

peuvent pas renoncer à leur hypothèque légale, et comme la jurisprudence n'admet cette incapacité qu'à l'égard de la femme dotale seulement, il est évident que le législateur a entendu s'en rapporter à cette jurisprudence (1).

La jurisprudence admet aussi que les dettes, contractées par la femme pendant le mariage, n'affectent ni le fonds, ni les revenus des immeubles ou des meubles dotaux. Les créanciers, envers lesquels la femme s'est engagée pendant le mariage, ne peuvent, même après la dissolution, saisir soit le capital, soit les intérêts de la dot mobilière ou immobilière, ni retenir ce capital ou ces intérêts par voie de compensation. Nous n'examinerons pas la question si controversée de savoir, si les revenus des biens dotaux ne peuvent pas, après la dissolution du mariage ou la séparations de biens, être saisis sur la tête de la femme ou de ses héritiers, jusqu'à concurrence de la portion excédant les besoins du ménage, pour le paiement des dettes, contractées par la femme avant la séparation de biens. Nous ne voulons traiter ni la question de l'inaliénabilité mobilière ou immobilière, ni les conséquences de cette inaliénabilité; nous voulons seulement indiquer, comment s'inspirant du but propre au régime dotal, les cours et les tribunaux ont complété le système de garantie, qui assure à la femme la conservation de sa dot. De cette jurisprudence aujourd'hui invinciblement établie, se dégage un fait d'une haute importance : « c'est dit M. Gide, la persistance secrète

_____

(1) Cass. 4 juin et 2 juillet 1856, 26 août et 17 décembre 1866.

« du Sénatusconsulte Velléien jusque dans notre légis-
« lation moderne. Qu'est-ce en effet que cette incapa-
« cité de la femme sous le régime dotal, si ce n'est
« l'ancienne incapacité, la défense d'intercéder pour le
« mari, jointe à la présomption que tout engagement
« n'est qu'une intercession en sa faveur. Sans doute
« le Sénatusconsulte Velléien a disparu de nos codes :
« le nouveau législateur a cru l'abroger : il a cru pou-
« voir, tout en consacrant l'ancien principe de la loi
« Julia, rompre les liens qui, de tout temps, avaient
« uni cette loi au Sénatusconsulte. Mais ces liens étaient
« trop forts ; en dépit des rédacteurs du code, le prin-
« cipe de l'incapacité Velléienne s'est glissé dans notre
« jurisprudence, sous le manteau de l'inaliénabilité do-
« tale ; et, après cette dernière expérience législative,
« nous pouvons, je crois, conclure avec certitude qu'il
« n'y a pas d'inaliénabilité dotale possible sans le Séna-
« tusconsulte Velléien. » (1).

(1) Gide, de la condition juridique de la femme p. 573.

POSITIONS

DROIT ROMAIN

1. La défense de restituer la dot pendant le mariage n'est pas une conséquence de la prohibition des donations entre époux.
II. Sous justinien, le père ne peut exercer le droit de retour de la dot par lui constituée à la fille émancipée.
III . Le legs fait à l'esclave dotal, avant, pendant ou après le mariage, doit être restitué à la femme, à moins qu'il n'ait été fait *contemplatione mariti*.
IV . La femme n'a pas, à l'époque classique, d'action en revendication, même utile, à l'égard des objets dotaux.

ANCIEN DROIT FRANÇAIS

I. Dans les pays où le mariage n'émancipait pas, le père du mari présent au contrat était responsable de la dot, malgré le pacte contraire.

II. D'après l'art. 47 de la coutume de Bordeaux, en l'absence de société d'acquêts, le mari survivant gagnait la dot.

III. Le mari ne pouvait réclamer les impenses utiles, lorsque la chose dotale améliorée n'existait plus lors de la restitution de la dot.

IV . Le mari, lésé dans l'estimation de l'immeuble dotal, avait la voie de la rescision, bien que la lésion ne fut pas d'outre-moitié.

Droit civil

I. L'époux présent, qui opte pour la continuation de la communauté d'acquêts, n'est pas tenu de donner caution.

II. La femme, séparée judiciairement, peut recevoir ses capitaux dotaux, sans être tenue d'en faire emploi, à moins que le contrat de mariage n'impose cette obligation au mari.

III. La femme, séparée judiciairement, ne peut céder par voie de transport ses créances dotales.

IV. Les revenus des immeubles dotaux ne peuvent pas, après la séparation de biens, être saisis par les créanciers de la femme *antérieurs* à la séparation, pas même à concurence de la portion excédant les besoins du ménage.

V. Les créanciers de la femme, *postérieurs* à la séparation de biens, ne peuvent saisir les revenus des biens dotaux, que dans la limite de l'excédant sur les besoins du ménage.

VI. Le mari ne jouit pas du droit de rétention sur les immeubles dotaux, à raison des impenses utiles par lui effectuées.

Procédure civile

I. L'exception de litispendance ne doit pas être nécessairement proposée avant toutes autres exceptions ou défenses.

II. L'article 174 du code de procédure et l'art. 800 du code civil ne fout pas exception aux règles générales sur l'autorité relative de la choses jugée.

III. Lorsqu'un appel a été interjeté après l'expiration des deux mois déterminés par l'rrt. 443, là déchéance qui en résulte est d'ordre public et doit être supléé d'office par le juge, lors même que l'intimé ne s'en prévaudrait pas.

Droit criminel

I. L'art. 58 du code pénal, sur la récidive, modifié par la loi du 13 mai 1863, n'est pas applicable à l'accusé, coupable d'un crime, qui ne devient passible de peines correctionnelle qu'à raison de l'admission en sa faveur de circonstances-atténuantes.

II. Le condamné par contumace n'est pas en état d'interdiction légale.

III. Le jugement de condamnation, rendu contre un français par un tribunal étranger dans le cas qui fait l'objet des dispositions de l'art. 5 du code d'instruction criminelle, ne peut être invoquée contre lui devant les tribunaux français pour établir l'état de récidive, ni pour exclure le bénéfice de la réhabilitation dans le cas de l'art. 634 inst. crim.

Droit commercial

I. La faillite de la société en non collectif entraîne la faillite personnelle de tous les associés.

II. L'insaisissabilité des rentes sur l'état s'oppose à ce que, en cas de faillite du titulaire, ces rentes tombent sous la main-mise des créanciers ; les syndics ne peuvent les vendre au profit de la masse.

III. Dans le cas d'absence ou d'interdiction du mari, la justice peut autoriser la femme à faire le commerce, quelque soit le régime matrimonial adopté par les époux.

IV. L'autorisation du mari est insufisante pour habiliter la femme minure à faire le commerce.

Droit administratif

I. L'autorité administrative est compétente pour juger les contestation qui s'élèvent à l'occasion des clauses des marchés passés avec les départements, les communes, et les établissements publics.

II. Quel est le recours qui appartient au propriétaire voisin de la mer, dont une portion du terrain est englobée dans un décret de délimitation ?

III. L'arrêté de reconnaissance ou de fixation d'un chemin vicinal, rendu par le préfet, ne peut pas donner lieu à la prise de possession des propriétés bâties, sans paiement préalable de l'indemnité.

IV. L'attribution des affaires contentieuses aux tribunaux dits administratif est contraire au principe de la séparation des pouvoirs,

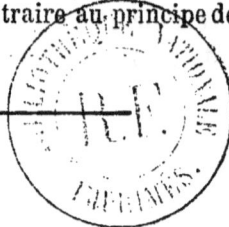

Vu par le président de la thèse
H. ROZY

Le Doyen,
DUFOUR

Vu et permis d'imprimer :
pour le Recteur,
l'Inspecteur d'Académie délégué
VIDAL LABLACHE

TABLE

www.ingramcontent.com/pod-product-compliance
Lightning Source LLC
Chambersburg PA
CBHW070526200326
41519CB00013B/2942